TERRA MADURA

UMA TEOLOGIA DA VIDA

LEONARDO BOFF

TERRA MADURA

UMA TEOLOGIA DA VIDA

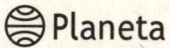

Copyright © Leonardo Boff, 2023
Copyright © Editora Planeta do Brasil, 2023
Todos os direitos reservados.

Edição de texto: André de Oliveira
Preparação: Caroline Silva
Revisão: Fernanda Guerriero Antunes e Valquíria Matiolli
Projeto gráfico e diagramação: Nine Editorial
Capa: Filipa Damião Pinto | Estúdio Foresti Design
Todas as citações bíblicas nesta edição são da Bíblia Ave Maria.

CIP-BRASIL. CATALOGAÇÃO NA PUBLICAÇÃO
ANGÉLICA ILACQUA CRB-8/7057

Boff, Leonardo
 Terra madura: uma teologia da vida / Leonardo Boff. - São Paulo: Planeta do Brasil, 2023.
 160 p.

 ISBN 978-85-422-2465-8

 1. Filosofia 2. Ética política 3. Ecologia 4. Espiritualidade I. Título

 23-5831   CDD 100

Índice para catálogo sistemático:
1. Filosofia

Ao escolher este livro, você está apoiando o manejo responsável das florestas do mundo

2023
Todos os direitos desta edição reservados à
Editora Planeta do Brasil Ltda.
Rua Bela Cintra, 986, 4º andar – Consolação
São Paulo – SP – 01415-002
www.planetadelivros.com.br
faleconosco@editoraplaneta.com.br

Sumário

PREFÁCIO 7

PRIMEIRA PARTE: ÉTICA POLÍTICA

1 O complexo "deus" da modernidade 12
2 Pode a espécie humana desaparecer da face da Terra? 17
3 A voracidade do capitalismo trouxe a covid-19 23
4 "Comer o mundo" ou salvaguardar o mundo? 27
5 Água: fonte de vida ou fonte de lucro? 32
6 Cuidar do bem-estar do povo e dos pobres 38
7 A fome como desafio ético e espiritual 43
8 O real nome da América Latina: Abya Yala ("terra madura") 47
9 A nova fase da Terra e da humanidade: a planetização 52

SEGUNDA PARTE: ECOLOGIA INTEGRAL

10 O relógio da Terra e o surgimento do humano 60

11 A Terra e a natureza, sujeitos de direitos 63

12 A sobrecarga da Terra: todos os sinais entraram no vermelho 72

13 Questão de vida ou morte: que tipo de Terra queremos? 77

14 Ainda somos capazes de salvar a vida e salvaguardar a Terra? 81

15 Adoecemos a Terra e a Terra nos adoece 87

16 A vida em sua diversidade como culminância da evolução ... 91

17 Francisco de Assis, ícone ecológico de uma fraternidade universal 95

TERCEIRA PARTE: A VIDA DO ESPÍRITO

18 A redescoberta da centralidade da vida 102

19 Uma espiritualidade ecológica regida pela vida do espírito ... 107

20 A crucificação de vidas de ontem continua hoje 112

21 A ressurreição como insurreição: o verdugo não triunfa sobre a vítima 117

22 O espírito de vida se confronta com o espírito de morte 123

23 A atualidade da mais sagrada das virtudes: a compaixão 129

24 Não basta ser bom, há que ser misericordioso 133

25 O nome de Deus 139

26 Consolo divino para o desamparo humano: "eu irei contigo" 143

CONCLUSÃO 146

NOTAS 148

OUTROS LIVROS DO AUTOR 152

Prefácio

O presente texto, *Terra madura*, nasceu a partir do sofrimento pelo qual a Terra e a humanidade estão passando. O que realmente nos faz refletir, mais que o encantamento, como afirmavam os filósofos gregos, é o sofrimento em todos os seus modos: corporal, psíquico, espiritual. O sofrimento sempre nos lança as perguntas: Por quê? Qual o sentido? Por que eu? Por que a pessoa amada, a família, a nação, o planeta inteiro? Onde erramos? O que temos de mudar?

O sofrimento é um companheiro sombrio da condição humana e sobre isso também refletiremos. Por ora, no entanto, basta dizer que desde o início de 2020 sofremos por uma razão muito clara: um contra-ataque da Mãe Terra contra a humanidade. Cansada de ser devastada pela voracidade dos que buscam riqueza e crescimento ilimitado depredando bens e serviços naturais e à custa do empobrecimento da maioria da humanidade, ela se defendeu com uma arma invisível: o coronavírus.

A covid-19 colocou de joelhos as potências militaristas com seus arsenais de armas de destruição em massa, que se mostraram ineficazes e inúteis. Pela primeira vez, um vírus atingiu todo o planeta, sem poupar ninguém. Ele ameaça a todos indistintamente com a morte. É uma advertência: não podemos continuar a tratar a Mãe Terra como a vínhamos tratando. Temos que mudar.

A intrusão do coronavírus obrigou-nos ao isolamento social para refletirmos, cobrou-nos evitar conglomerações para não nos contaminarmos, impôs o uso de incômodas máscaras para proteger a nós e aos outros. Suscitou uma busca desesperada por vacinas para conter a difusão do vírus, eliminá-lo e impedi-lo de causar mais mortes ou efeitos maléficos.

Milhões foram vitimados. Um manto de tristeza, desesperança e medo se abateu sobre toda a humanidade.

Somos tão umbilicalmente ligados, Terra e humanidade, que, quando a Terra adoece, adoecemos também; quando adoecemos, adoecemos igualmente a Terra. Juntos sofremos e juntos podemos nos curar.

O grito de dor das pessoas e a paixão pela Terra ocasionaram as reflexões deste livro, embora não se restrinjam ao evento trágico da covid-19. Há sofrimento, mas também esperança.

Nos escritos que se seguem, abordo três campos do agir e do pensar humanos: a ética política, a ecologia integral e a vida do espírito. Não apresento um tratado, mas peças que, como tijolinhos, permitem entrever um edifício ordenado.

O intuito destes textos é provocar reflexões, discussões e motivar decisões pessoais e coletivas que poderão levar a catástrofes de dimensões apocalípticas ou a um salto no estado da consciência coletiva rumo a uma Terra mais amada, cuidada e, finalmente, curada de suas chagas: a Grande Mãe dos antigos, a Pachamama dos andinos, a Gaia dos modernos, a Casa Comum da Carta da Terra e do Papa Francisco.

Juntos, Terra e humanidade, devemos ser atraídos pelo Grande Atrator, aquele "Ser que faz ser todos os seres" e que costumamos chamar de Criador do universo e de tudo o que ele contém. Lado a lado com a nossa ciência, a técnica e os cuidados humanos, dele poderão vir luzes e caminhos capazes de nos tirar deste vale tenebroso da sombra da morte e nos levar a pastagens verdejantes.

PRIMEIRA PARTE
ÉTICA POLÍTICA

# 1

O complexo "deus" da modernidade

A crise atual, agravada pela intrusão do coronavírus em 2019, não é apenas pela escassez crescente de recursos e de serviços naturais. É fundamentalmente a crise de um tipo de civilização que, seguindo o pensamento de Descartes, colocou o ser humano como "senhor e dono" da natureza sem sentir-se parte dela. Esta, para ele, é sem espírito e sem propósito e por isso está à nossa disposição.

Para o fundador do paradigma moderno da tecnociência, Francis Bacon, "cabe ao ser humano torturar a natureza, como o fazem os esbirros da Inquisição, até que ela entregue todos os seus segredos". Desse pensamento, derivou-se uma relação de agressão e de verdadeira guerra contra a natureza "selvagem" que devia ser dominada e "civilizada". Surgiu também a projeção arrogante do ser humano como o "deus menor" que tudo domina e organiza através da ciência, da tecnologia, que hoje inclui a nanotecnologia e a inteligência artificial.

Devemos reconhecer aqui que não foram só filósofos entusiastas do engenho humano que disseminaram essa visão de mundo, mas que o próprio cristianismo ajudou a legitimá-la e reforçá-la. O Gênesis diz claramente: "enchei a Terra e submetei-a. Dominai sobre os peixes do mar, sobre as aves do céu e sobre todos os animais que se arrastam sobre a terra" (Gn 1,28). Antes disso, afirma que o ser humano foi feito à imagem e semelhança de Deus (Gn 1,26).

A interpretação que se deu a esse texto é: o ser humano é lugar-tenente de Deus. Como este é o Senhor do universo, o ser humano é o senhor da Terra. Ele goza de uma dignidade que é só dele: a de estar acima dos demais seres. Daí se gerou o antropocentrismo, que é uma das causas da crise ecológica que vivemos.

Por fim, no sentido dominante, o estrito monoteísmo ainda retirou o caráter sagrado de todas as coisas e o concentrou só em Deus. Passou a se interpretar que o mundo, não possuindo nada de sagrado, não precisa ser respeitado. Está ao nosso dispor moldá-lo ao nosso bel-prazer.

Assim, a moderna civilização da tecnociência, que surgiu no século XIX, encheu todos os espaços com seus aparatos e penetrou no coração da matéria, da vida e do universo. Tudo passou a ser envolto pela aura do "progresso", visto como uma espécie de resgate do paraíso das delícias, outrora perdido, mas reconstruído pelo homem e oferecido a todos aos que a ele tivessem acesso possível, ou seja, os ricos e poderosos.

Essa visão gloriosa e idílica do "progresso" começou a ruir no século XX com as duas guerras mundiais e as coloniais que vitimaram 200 milhões de pessoas. Quando se perpetrou o maior ato terrorista da história – as bombas atômicas lançadas sobre Hiroshima e Nagasaki pelo Exército norte-americano –, que matou milhares de pessoas e devastou a natureza, a humanidade levou um susto do qual não se refez até hoje. À época, o filósofo francês Jean-Paul Sartre, desolado, constatou: o ser humano se assenhoreou da própria morte.

Com as armas atômicas, biológicas e químicas construídas posteriormente, ficou claro que não precisamos de Deus para concretizar o Apocalipse. Construímos o princípio da autodestruição, que hoje se esconde atrás do pensamento TINA (*there is no alternative*) neoliberal: "Não há alternativa; este mundo é definitivo". Ridículo. Hoje, demo-nos conta de que "o saber como poder", de Bacon, quando feito sem consciência e sem limites éticos, pode nos levar ao fim. A covid-19 só veio confirmar isso, tornando ineficaz o arsenal de armas de destruição em massa. Elas não atingem o vírus que, intrépido, ataca a inteira humanidade.

Não somos Deus, e querer ser Deus nos leva à loucura. A ideia do homem como "deus", vendida pelo "progresso", transformou-se num pesadelo aterrador.

Que poder temos sobre a natureza? Quem domina um tsunâmi? Quem controla o vulcão chileno Puyehue? Quem freia a fúria das enchentes nas cidades serranas do Rio de Janeiro? Quem impede o efeito letal das partículas atômicas do urânio, do césio e de outras liberadas pelas catástrofes de Chernobyl e de Fukushima? Como disse Heidegger em sua última entrevista ao jornal alemão *Der Spiegel*: "só um deus pode salvar-nos".[1]

Temos que nos aceitar como simples criaturas junto com todas as demais da comunidade da vida. Temos a mesma origem comum: o pó da Terra. Não somos a coroa da criação, mas um elo da corrente da vida. Por isso, a interpretação mais correta do Gênesis, segundo a melhor exegese, vai no sentido geral do relato da escritura: o ser humano como cuidador e guardador do Jardim do Éden, e não como seu dominador (Gn 2,15). Nossa missão deve ser a de manter as condições de sustentabilidade de todos os ecossistemas.

Se partimos da Bíblia para legitimar a dominação da Terra, temos que voltar a ela para aprender a respeitá-la e a cuidá-la. A Terra gerou a todos. Deus ordenou: "Produza a terra seres vivos segundo a sua espécie" (Gn 1,24). Ela, portanto, não é inerte; é geradora e é mãe.

A aliança de Deus não é apenas com os seres humanos. Depois do grande dilúvio, Deus refez a aliança com a nossa descendência e com todos os seres vivos que nos cercam (Gn 9,12). Sem eles, somos uma família desfalcada.

A história mostra que a arrogância de querer "ser Deus", sem nunca o poder de fato, só nos trouxe desgraças. Basta-nos ser simples criaturas, confraternizadas com as outras, mas com a missão de respeitar e cuidar da Mãe Terra. Esse é o nosso lugar no conjunto dos seres, e essa é a nossa nobre missão, exigida pelo universo e querida pelo Criador de todas as coisas.

2

Pode a espécie humana desaparecer da face da Terra?

A irrupção da covid-19, afetando todo o planeta e causando verdadeira dizimação humana, vitimando milhões de pessoas no mundo inteiro mesmo depois de terem sido criadas e aplicadas várias vacinas seguras e eficazes, coloca iniludivelmente uma questão que sempre permeou discussões científicas, filosóficas e teológicas: pode a espécie *Homo sapiens*, a espécie humana, desaparecer?

Sabe-se que normalmente, a cada ano, cerca de trezentas espécies de organismos vivos chegam ao seu clímax de forma natural depois de milhões e milhões de anos de existência e retornam à Fonte Originária de Todo Ser, o vácuo quântico, aquele oceano insondável de energia, anterior ao *big bang*, e que continua subjacente a todo o universo.

São conhecidas muitas extinções em massa durante os mais de três bilhões de anos da história da vida.[2] Das várias expressões humanas, por exemplo, somente o *Homo sapiens sapiens* se consolidou há cerca de cem mil anos, permanecendo até o presente sobre a Terra. Os demais representantes, especialmente o *Homo neanderthalensis* (homem de Neandertal), sumiram definitivamente.

Há diferentes causas para o desaparecimento das espécies – doenças, desastres naturais etc. –, mas atualmente cerca de um milhão de seres vivos estão sob ameaça de desaparecimento devido à excessiva agressividade humana. Entre as tantas espécies ameaçadas e as que desaparecem anualmente, não poderá estar a nossa própria?

Mesmo antes do alarme da covid-19, inúmeros notáveis das ciências não excluíam a eventualidade de nosso próprio fim estar próximo. O Prêmio Nobel de 1974, Christian de Duve, atesta em seu conhecido *Poeira vital*:[3] "A evolução biológica marcha em ritmo acelerado para uma grande instabilidade; de certa forma nosso tempo lembra uma daquelas importantes rupturas na evolução, assinaladas por extinções maciças".

Um fato que tem provocado muitos cientistas, especialmente biólogos e astrofísicos, a falar do eventual colapso da espécie humana é o caráter exponencial da população. A humanidade precisou de um milhão de anos para alcançar, em 1850, o número de um bilhão de pessoas. Hoje, prevê-se que por volta de 2050 haverá 10 bilhões de pessoas. É o triunfo inegável de nossa espécie. Mas quais serão as consequências?

Stephen Hawking, em seu livro *O universo numa casca de noz*,[4] reconhece que em 2600 o planeta ficará superlotado e o consumo de eletricidade deixará a Terra incandescente. Ela poderá destruir a si mesma. Já Lynn Margulis e Dorion Sagan, no conhecido livro *Microcosmos*,[5] afirmam com dados dos registros fósseis e da própria biologia evolutiva que um dos sinais do colapso próximo de uma espécie é sua rápida superpopulação. Isso pode ser observado, defendem, analisando-se micro-organismos colocados em placas de Petri: pouco antes de atingirem as bordas da placa e se esgotarem os nutrientes, eles tendem a multiplicar-se de forma exponencial. E, de repente, todos morrem.

Para a humanidade, comentam os dois cientistas, a Terra pode mostrar-se idêntica a uma placa de Petri. Com efeito, ocupamos quase toda a superfície terrestre, deixando livre apenas 17% dela – áreas inóspitas, como os desertos e as altas montanhas nevadas ou rochosas. Antigamente, eram os meteoros rasantes que ameaçavam a Terra; hoje, o meteoro rasante se chama ser humano.

Théodore Monod, talvez o último grande naturalista moderno, deixou como testamento um texto de reflexão com o título "E se a aventura humana vier a falhar?"[6] em que assevera: "Somos capazes de uma conduta insensata e demente; pode-se a partir de agora temer tudo, tudo mesmo, inclusive a aniquilação da raça humana". E acrescenta: "seria o justo preço de nossas loucuras e de nossas crueldades".

Edward Wilson é outro naturalista que atesta em seu instigante livro *O futuro da vida*:[7] "O homem até hoje tem desempenhado o papel de assassino planetário... A ética da conservação, na forma de tabu, totemismo ou ciência, quase sempre chegou tarde demais; talvez ainda haja tempo para agir". Já o geneticista francês Albert Jacquard diz que "estamos fabricando uma Terra na qual ninguém de nós gostaria de viver. Devemos nos apressar porque a contagem regressiva já começou".[8] Se tomarmos a sério o drama mundial, sanitário e social e o alarme ecológico crescente, esses cenários de horror não são impensáveis.

Vale citar ainda dois nomes da ciência que possuem grande respeitabilidade: James Lovelock, que elaborou a teoria da Terra como superorganismo vivo que age sistemicamente articulando o físico, o químico e o ecológico, por ele chamado de Gaia, com o forte título *A vingança de Gaia*;[9] e o astrofísico inglês Martin Rees, autor de *Hora final*.[10] Ambos preveem o fim da espécie antes do final do século XXI.

Lovelock é contundente: "Até o fim do século, 80% da população humana desaparecerá. Os 20% restantes vão viver no Ártico e em alguns poucos oásis em outros continentes, onde as temperaturas forem mais baixas e houver um pouco de chuva... Quase todo o território brasileiro será demasiadamente quente e seco para ser habitado".[11]

Não são só os cientistas. O próprio Papa Francisco, em sua alocução na 75ª Assembleia Geral da ONU, no dia 25 de setembro de 2020, advertiu por duas vezes sobre a eventualidade do desaparecimento da vida humana como consequência da irresponsabilidade em nosso trato com a Mãe Terra e com a natureza superexplorada.[12]

Na encíclica Laudato Si': sobre o cuidado da Casa Comum,[13] à qual voltaremos outras vezes neste livro, o Papa Francisco constata: "Estas situações provocam os gemidos da irmã terra, que se unem aos gemidos dos abandonados do mundo, com um lamento que reclama de nós *outro rumo* [grifo nosso]; nunca maltratamos e ferimos a nossa casa comum como nos últimos dois séculos" (n. 53). E vai além: "Um planeta limitado, em grau avançado de degradação e superpovoado não tolera um projeto ilimitado" (n. 106).

Fazendo coro às opiniões de pensadores das mais diferentes escolas, a emergência da covid-19 deixou ainda mais às claras que o possível desaparecimento da espécie humana não será consequência de um processo natural da evolução, mas uma causa derivada de nossas práticas irresponsáveis, destituídas de cuidado e de sabedoria perante o conjunto do sistema da vida e do sistema Gaia, como nomeou Lovelock.

Nada disso, contudo, significaria o fim do sistema-vida, especialmente daquela vida microscópica do subsolo. Por isso, cabe perguntar: quem nos substituiria na evolução da vida, caso alguma forma de vida viesse a subsistir à nossa própria extinção?

Quando, nos primeiríssimos momentos após a grande explosão, *quarks*, prótons e outras partículas elementares começaram a interagir, surgiram campos de relações e unidades de informação com ordens mínimas de complexidade. Ali se manifestava aquilo que depois seria chamado de espírito. Ao desaparecer de dentro da espécie humana, ele emergirá, um dia, quem sabe em milhões de anos de evolução, em algum ser mais complexo.

O já citado Théodore Monod, falecido no ano 2000, sugeriu até um candidato já presente na evolução atual, os cefalópodes, uma espécie de moluscos à semelhança dos polvos e das lulas. Alguns deles têm um aperfeiçoamento anatômico notável: sua cabeça vem dotada de uma cápsula cartilaginosa que funciona como crânio, e eles têm olhos, assim como os vertebrados. Detêm ainda um psiquismo altamente desenvolvido, até com dupla memória, quando nós possuímos apenas uma.[14]

Evidentemente, esses seres não sairiam amanhã do mar para entrar continente adentro. Precisariam de milhões de anos, mas já possuem a base biológica para um salto rumo à consciência. Na hipótese de um eventual desaparecimento da espécie humana, o princípio de inteligibilidade e de amorização ficaria preservado. Princípio que está primeiro no universo e depois em nós. De todas as formas, agora urge escolher: ou o ser humano e seu futuro, ou os polvos e as lulas.

3

A voracidade do capitalismo trouxe a covid-19

Tenho sustentado a tese de que a covid-19 é um contra-ataque da Mãe Terra contra o modo de produção capitalista e sua expressão política atual, o neoliberalismo.[15] A Terra foi agredida e devastada de tal maneira que nos enviou uma arma invisível, o coronavírus, como um alerta e uma lição. É como se a doença dissesse que, ao se perpetuar a guerra contra o planeta, este poderá não nos querer mais.

O grande risco agora reside na lógica do sistema do capital globalmente articulado. Em seu DNA está o objetivo de lucrar o mais que pode, no tempo mais curto possível, com a expansão cada vez maior de seu poder, flexibilizando legislações que limitam sua dinâmica. Ele se orienta pela competição, e não pela cooperação; pela busca do lucro, e não pela defesa e promoção da vida.

Diante das mudanças paradigmáticas atuais, o sistema se vê confrontado com esse dilema: ou nega a si mesmo e muda sua lógica, mostrando-se solidário com o futuro da humanidade e afundando-se como empresa capitalista, ou se autoafirma em seu objetivo, desconsiderando toda compaixão e solidariedade, fazendo aumentar os lucros e passando por cima de cemitérios de cadáveres e da Terra devastada.

Não é impossível que, obedecendo à sua natureza de lobo voraz, o capitalismo seja suicidário, como definiu o próprio Papa Francisco: prefere morrer e fazer morrer a perder seus lucros. Nessa lógica, não bastaria limar os dentes do lobo; ele continuaria com sua voracidade natural.

Mas, quem sabe, quando a água chegar ao nariz e o risco de morte coletiva atingir a todos, inclusive a eles, os poderosos e o próprio capitalismo se rendam à vida. O instinto dominante é viver, e não morrer. Esse instinto possivelmente acabará prevalecendo, mas devemos estar atentos à força da lógica interna do sistema, montado sobre uma mecânica que produz morte.

O fato é que a covid-19 colocou em xeque – de joelhos, eu diria – o modo de produção capitalista e sua expressão política, o neoliberalismo. E todas essas reflexões que faço não são mau agouro, mas um chamamento dirigido aos que alimentam a solidariedade geracional e o amor à Casa Comum. Há um obstáculo cultural grave: estamos habituados a resultados imediatos, quando, na verdade, aqui e agora devemos olhar para resultados futuros, frutos das ações realizadas no presente.

Como afirma a Carta da Terra[16] – um dos mais importantes documentos ecológicos assumidos pela UNESCO em 2003 –, à qual voltarei ao longo deste livro: "As bases da segurança global estão ameaçadas. Essas tendências são perigosas, mas não inevitáveis". A saída é mudarmos o modo de produção e o padrão de consumo. Essa reviravolta civilizatória exige a vontade política de todos os países do mundo e a colaboração, sem exceção, de toda a rede de empresas transnacionais e nacionais de produção, pequenas, médias e grandes. Basta algumas empresas mundiais se negarem a agir nessa mesma direção para anular os esforços de todas as demais. Por isso, a vontade política deve ser coletiva e impositiva, com prioridades bem definidas e linhas gerais bem claras. O que se impõe agora é uma política de salvação global.

O conto "De quanta terra precisa um homem?",[17] em que Liev Tolstói (1828-1910) narra aos trabalhadores de Iasnaia Poliana – fazenda em que o escritor viveu e trabalhou em seus livros mais conhecidos, como *Anna Karenina* e *Guerra e paz* –, nos ajuda a refletir sobre o momento e os dilemas que vivemos.

Na história, um camponês, descontente com suas terras pouco férteis, resolve emigrar junto da mulher em busca de melhores pastagens. Chegando a um local que julga ideal, ele encontra o Diabo, que lhe propõe um acordo: "Faço-lhe a seguinte proposta: você deixa uma quantia razoável de dinheiro numa bolsa aqui ao meu lado. Se você percorrer um território durante todo um dia, do nascer ao pôr do sol, e estiver de volta antes de o sol se pôr, toda a terra percorrida será sua. Caso contrário perderá o dinheiro da bolsa".

O camponês aceita a proposta de bom grado e fecha o acordo com o Diabo. No dia seguinte, ávido por dominar toda a terra que sua vista alcança, caminha sem cessar e, ao entardecer, percebe que talvez não consiga voltar. Desesperado, corre além de suas energias e, quando finalmente chega ao ponto combinado, cai morto de pura exaustão com a boca sangrando e coberto de arranhões.

Tolstói conclui: "O diabo, maldosamente, apenas sorriu. Indiferente ao morto e ganancioso, olhava para a bolsa de dinheiro. Deu-se ainda ao trabalho de fazer uma cova do tamanho do camponês e ajeitou-o lá dentro. Eram apenas sete palmos de terra, a parte menor que lhe cabia de todos os terrenos andados. Não precisava mais que isso. A mulher, como que petrificada, assistia a tudo, chorando copiosamente".

Ao ler esse conto, lembrei também das palavras de João Cabral de Melo Neto (1920-1999), em sua obra *Morte e vida severina*.[18] No funeral do lavrador, diz o poeta: "Esta cova em que estás, com palmos medida, é a conta menor que tiraste em vida; é a parte que te cabe deste latifúndio". De todos os terrenos atraentes que via e desejava possuir, no final, só restaram ao ávido camponês da história de Tolstói os sete palmos para a sua sepultura. Não seria esse o destino bem-merecido ao capitalismo e ao neoliberalismo?

4

"Comer o mundo" ou salvaguardar o mundo?

"Comer o mundo" ou salvaguardar o mundo? A oposição entre essas duas ideias é algo cada vez mais frequente na fala de lideranças indígenas que questionam o paradigma da civilização ocidental, cuja violência do primeiro paradigma os fez quase desaparecer e cuja história remonta à Grécia Antiga. "Comer o mundo" vem da Atenas do século V a.C., quando irrompeu o espírito crítico que permitiu perceber a dinâmica intrínseca do espírito, que é a ruptura de todos os limites e a busca do infinito.

Tal propósito foi pensado pelos grandes filósofos, praticado pelos políticos e expresso pelos artistas, aparecendo nas tragédias de Sófocles, Ésquilo e Eurípides. Não era mais o *meden agan* – "nada em excesso" – inscrito na fachada do templo de Delfos, mas a expansão *espacial* ilimitada (criação de colônias e de um império) e a expansão *temporal* abrindo-se ao futuro sem fim (perspectiva ilimitada à frente).

O projeto de "comer o mundo" ganhou corpo com Alexandre, o Grande (356-323 a.C.), que, com apenas 23 anos, fundou um império que se expandia do Adriático até o rio Indus, no Paquistão. Mas bastou que ele fosse mordido por um mosquito, originado no Egito, para não resistir e morrer em poucos dias. Quem é aqui o "grande", Alexandre ou o mosquito?

O "comer o mundo" aprofundou-se no vasto Império Romano, reforçou-se na idade moderna colonial e industrial e *culminou* no mundo contemporâneo com a globalização da tecnociência ocidental, expandida para todos os rincões do planeta. É o império do *ilimitado,* traduzido no propósito (ilusório) do capitalismo/ neoliberalismo de crescimento sem limites.

Mas eis que se rompeu um limite intransponível: a Terra limitada como planeta, pequena, superpovoada, não suporta um projeto ilimitado. Na última geração, queimaram-se mais recursos energéticos do que em todas as gerações anteriores da humanidade. Não há lugar que não tenha sido explorado visando à acumulação de bens.

O consumismo, ao não respeitar limites, leva a praticar violências, arrancando da Mãe Terra aquilo que ela já não pode mais dar. Estamos consumindo o equivalente a uma Terra e meia. As consequências dessa extorsão se mostram na reação da Mãe Terra exausta: aumento do aquecimento global, erosão da biodiversidade (cerca de cem mil espécies eliminadas por ano e um milhão sob risco), perda da fertilidade dos solos, desertificação crescente, irrupção de doenças, entre outros eventos extremos.

Estamos tomados pelo *terror metafísico* diante dos limites intransponíveis da possibilidade do fim da espécie. É ilusório o pretendido *great reset* (a grande reiniciação) do sistema do capital, o qual impõe à humanidade, por parte de 0,1% de bilionários, uma espécie de novo despotismo de natureza cibernética com a utilização da inteligência artificial. Através dela, pretende-se controlar cada pessoa e toda a sociedade a fim de impedir as resistências e as revoltas. Cremos, contudo, que esse projeto cruel e sem nenhuma solidariedade humana será frustrado pela própria Terra, negando-lhe os recursos de que necessita.

Por fim, "comer o mundo", o paradigma de nossa civilização, foi definitivamente posto em xeque pela covid-19. O vírus caiu como um raio, destruindo verdadeiros mantras contemporâneos: a centralidade do lucro, alcançado pela concorrência mais feroz possível e pela acumulação privada à custa da exploração de recursos naturais.

O que nos está salvando, e tenho insistido nisso, é o que é ocultado e feito invisível no paradigma do "comer o mundo": a vida, a solidariedade, a interdependência entre todos e o cuidado da natureza e de uns para com os outros. É nesse contexto dramático que emerge o outro paradigma: salvaguardar o mundo. Ele é suscitado particularmente por lideranças indígenas como Ailton Krenak, Davi Kopenawa Yanomami, Sonia Guajajara, Renata Machado Tupinambá, Cristine Takuá, Raoni Metuktire, entre outros. Para todos eles, vigora uma profunda comunhão com a natureza da qual se sentem parte.

A ecologia profunda e integral – como vem exposta na Carta da Terra, nas encíclicas do Papa Francisco e no programa Justiça, Paz e Preservação do Criador, do Conselho Mundial de Igrejas – assume também o paradigma de salvaguardar o mundo. O propósito comum é garantir as condições físico-químico-ecológicas que sustentam e perpetuam a vida em todas as suas formas.

Já fazemos parte da sexta extinção em massa. Se não lermos emocionalmente, com o coração, os dados da ciência a respeito das ameaças que pesam sobre nossa sobrevivência, dificilmente nos engajaremos para salvaguardar o mundo, pois é do coração que vêm o sentido ético de salvaguardar a Terra e toda vida que nela existe e a paixão e o cuidado por tudo o que existe e vive.

Severamente alertou o Papa Francisco na Fratelli Tutti,[19] à qual voltaremos ao longo deste livro: "É verdade que uma tragédia global como a pandemia da covid-19 despertou, por algum tempo, a consciência de sermos uma comunidade mundial que viaja no mesmo barco, onde o mal de um prejudica a todos. Recordamo-nos de que ninguém se salva sozinho, que só é possível salvar-nos juntos". É uma advertência quase desesperada se não quisermos "engrossar o cortejo dos que rumam na direção de sua sepultura", como disse o pensador Zygmunt Bauman. É necessário, então, dar o salto da fé e crer no que se diz no Livro da Sabedoria: "Porque amais tudo que existe, e não odiais nada do que fizestes, porquanto, se o odiásseis, não o teríeis feito de modo algum. [...] Mas poupais todos os seres, porque todos são vossos, ó Senhor, que amais a vida" (Sb 11,24 e 26).

5

Água: fonte de vida ou fonte de lucro?

Hoje duas questões maiores afetam toda a humanidade: o aquecimento global e a crescente escassez de água potável. Ambas impõem profundas mudanças em nosso modo de viver, pois podem produzir um colapso da civilização, afetando profundamente o sistema-vida. Atenhamo-nos aqui à questão da água.

Há aproximadamente 1,386 bilhão de quilômetros cúbicos de água na Terra. Se todo esse volume que está nos oceanos, lagos, rios, aquíferos e calotas polares fosse distribuído equitativamente sobre uma superfície terrestre plana, todo o planeta ficaria submerso a três quilômetros de profundidade. Dessa quantidade inimaginável de água, 97% é salgada e 3% é doce, mas somente 0,7% é diretamente acessível ao uso humano. Desse 0,7%, 70%

vai para a agricultura, 22% para a indústria e o restante para o consumo humano e animal.

A renovação das águas é da ordem de 43 mil quilômetros cúbicos por ano, enquanto o consumo total é estimado em 6 mil quilômetros cúbicos por ano. Há, portanto, superabundância de água, mas ela é desigualmente distribuída: 60% se encontra em apenas nove países, enquanto outros 80% enfrentam escassez. Pouco menos de 1 bilhão de pessoas consome 86% da água existente, enquanto para 1,4 bilhão ela é insuficiente (em 2020, foram 3 bilhões) e para 2 bilhões não é tratada, o que gera 85% das doenças constatáveis. Estima-se que em 2032 cerca de 5 bilhões de pessoas serão afetadas pela crise hídrica.

O Brasil é a potência natural das águas, com 13% de toda a água doce do planeta, perfazendo 5,4 trilhões de metros cúbicos. Contudo, nos últimos anos, devido ao desflorestamento da Amazônia e aos grandes incêndios, perdemos 15% de nossa água, fazendo diminuir os rios Paraná e Paraguai. Além disso, apesar da abundância, 46% da nossa água é desperdiçada, o que daria para abastecer toda a França, a Bélgica, a Suíça e o norte da Itália. Por aqui, carecemos ainda de uma cultura da água.

Considerando esses dados básicos, chega-se a uma conclusão simples: o problema não é a escassez, mas a má gestão e distribuição. Nos anos vindouros, a questão da água pode ser motivo tanto de guerras como de solidariedade social e cooperação entre os povos. Já se disse, inclusive, que, se as guerras do século XX foram motivadas pela busca do petróleo, as do século XXI o serão pela água potável. Enquanto esse dia não chega, grandes corporações já a cobiçam para privatizá-la e obter lucros enormes.

Como passamos de uma economia de mercado para uma sociedade de mercado, tudo se transforma em mercadoria. Em função dessa "grande transformação",[20] verifica-se hoje uma corrida mundial desenfreada para privatizar a água e ter grandes lucros. Assim surgiram as empresas multinacionais do setor, como as francesas Vivendi e Suez-Lyonnaise, a alemã RWE, a inglesa Thames Water e a norte-americana Bechtel. Criou-se um mercado das águas que envolve mais de 100 bilhões de dólares. Aí também estão fortemente presentes a Nestlé e a Coca-Cola, que buscam comprar fontes por todo o mundo.

O grande debate hoje, então, é travado nesses termos: a água é fonte de vida ou fonte de lucro? A água é um bem natural, vital, comum e insubstituível ou um bem econômico a ser tratado como mercadoria?

Importa, de saída, reconhecer que a água não pode ser vista como um recurso econômico como qualquer outro. Ela é um dos bens mais excelentes do processo da evolução e um dos maiores dons divinos. Ademais, a água está ligada a outras dimensões culturais, simbólicas e espirituais que a tornam preciosa e carregada de valores que não têm preço em si. Está tão ligada à vida que deve ser entendida como algo vital e sagrado.

Para entendermos a riqueza da água que transcende sua dimensão econômica, precisamos romper com a ditadura da razão instrumental-analítica e utilitarista imposta à sociedade, que vê a água como mero recurso hídrico com o qual se pode fazer negócios, como mero instrumento para atender a finalidades e utilidades. Mas o ser humano tem outros exercícios de sua razão. Há a razão mais ancestral, sensível, emocional, cordial e espiritual. Esse tipo de razão vai além de finalidades e utilidades. Essa razão está ligada ao sentido da vida, aos valores, ao caráter simbólico, ético e espiritual da água.

Nessa perspectiva, a água é um bem comum natural, como fonte e nicho de onde há 3,8 bilhões de anos surgiu a vida na Terra. A água é um bem público mundial. É patrimônio da biosfera e vital para todos os seres. Não há existência sem água. Fundamentalmente, ela pertence ao direito à vida: a ONU declarou, no dia 28 de julho de 2010,[21] que a água limpa e segura, bem como o saneamento básico, constitui um direito humano fundamental.

Obviamente, as dimensões da água como fonte de vida e de recurso hídrico não precisam se excluir, mas devem estar diretamente relacionadas. A água demanda, sim, uma complexa estrutura de captação, conservação, tratamento e distribuição, o que implica uma inegável dimensão econômica. Esta, entretanto, não deve prevalecer sobre o direito.

Deve-se garantir a todos gratuitamente pelo menos 50 litros de água potável. Cabe ao poder público, junto com a sociedade organizada, criar um financiamento público para cobrir os custos necessários para garantir esse direito a todos. As tarifas para os serviços devem ser diferentes, segundo os diversos usos da água – doméstico, industrial, agrícola, recreativo. Para os usos na indústria e na agricultura, evidentemente, a água é sujeita a um preço maior.

A visão predominante mercadológica distorce a relação entre a água como fonte de vida e a água como recurso hídrico. Isso se deve fundamentalmente à exacerbação da propriedade privada, que faz com que se trate a água sem o sentido de partilha e de consideração das demandas dos outros e de toda a comunidade da vida.

É muito débil ainda o princípio da solidariedade social e do respeito pelas bacias hidrográficas que transcendem os limites das nações, como ocorre, por exemplo, entre a Turquia de um lado e a Síria e o Iraque do outro, ou entre Israel de um lado e a Jordânia e a Palestina do outro, ou mesmo entre os Estados Unidos e o México ao redor dos rios Grande e Colorado.

Para discutir todas essas questões vitais, criou-se em 2003, em Florença, na Itália, o Fórum Mundial Alternativo da Água, no qual foi proposta a criação de uma Autoridade Mundial da Água. Ela seria uma instância de governo, cooperativa e plural, para tratar da água nas grandes bacias hídricas internacionais e de sua distribuição mais equitativa segundo as demandas regionais.

Paralelamente, formou-se uma articulação internacional em vista de um Contrato Mundial da Água. A ideia é que, como inexiste um contrato social mundial, ele poderia ser elaborado ao redor daquilo que efetivamente une a todos: a água, da qual depende a vida das pessoas e dos demais seres vivos. Semelhantemente, agora, com a intrusão da covid-19, urge um contrato mundial de salvaguarda da vida humana para além de qualquer soberanismo.

Uma função importante de tal contrato seria pressionar governos e empresas para que a água não seja levada aos mercados nem seja considerada mercadoria. Importa incentivar a cooperação público-privada para impedir que muitos morram em consequência da falta de água ou em consequência de águas maltratadas. Hoje, diariamente, 6 mil crianças morrem de sede, e cerca de 18 milhões de meninos e meninas deixam de ir para a escola porque são obrigados a buscar água a distâncias que chegam a 10 quilômetros.

É importantíssimo, por fim, preservar as florestas e reflorestar o máximo possível. São elas que garantem a permanência da água, alimentam os aquíferos, além de amenizar o aquecimento global através do sequestro de dióxido de carbono e a produção de oxigênio. A fome zero mundial, preconizada há anos pelas Metas do Milênio da ONU, deve incluir a sede zero, pois a água é alimento e não há nada que possa viver e ser consumido sem água.

A água hoje pode ser referência central para um novo pacto social mundial entre os povos e governos em vista da sobrevivência de todos. A água é geradora de vida e um dos símbolos mais poderosos da eternidade, já que Deus aparece como vivo, o gerador de toda vida e fonte infinita de vida.

6

Cuidar do bem-estar do povo e dos pobres

Uma vez chegados ao poder, os políticos, em sua grande maioria, orientam suas ações no sentido de se reeleger e, assim, usufruir dos benefícios ligados ao cargo à custa do erário público. Deforma-se, assim, a natureza da política como busca do bem comum e se distorce a democracia como salvaguarda dos direitos individuais e sociais, capaz da realização de um projeto coletivo. Pior, essa política interesseira se coloca para além do bem e do mal. Ou seja, só faz o bem quando possível e o mal sempre que necessário. Importa denunciar. Trata-se de um exercício perverso do poder político.

Max Weber, um dos fundadores da sociologia moderna, em seu famoso texto de 1919 destinado aos estudantes da Universidade de Munique, desanimados pelas condições humilhantes impostas pelas potências que venceram a Alemanha na primeira grande guerra, já nos havia advertido: "Quem faz política busca o poder. Poder ou como meio a serviço de outros fins, ou poder por causa dele mesmo, para desfrutar do prestígio que ele confere".[22]

No Brasil, nossas "elites do atraso", como tão bem cunhou o sociólogo Jessé Souza, seguem historicamente a lógica desse segundo modo de poder que advoga em causa própria, esquecendo-se de que o sujeito de todo poder é sempre o povo. A expressão disso hoje – em nosso país e no mundo – é o predomínio de uma política que cuida de ajustes severos na economia, da estabilização monetária, da inflação, da dívida pública federal e estadual, da privatização de bens públicos e de nosso alinhamento no projeto-mundo. Há o cuidado meticuloso e até materno para com as elites dominantes, para com o agronegócio e os bancos e para com o sistema financeiro, que tem lucros exorbitantes. Tudo sem escutar o povo e até contra direitos sociais por ele conquistados a duras penas.

Lado a lado com essa forma de fazer política estão hoje governos de extrema direita e orientação fascista. É o caso da Hungria, das Filipinas, da Polônia e, com mais intensidade, do Brasil, que, sob a presidência de Jair Bolsonaro, regeu-se pelo confronto, e não pelo diálogo e pela colaboração. São mesmo tempos de desesperança esses em que vicejam as ameaças autoritárias contra a

Constituição e as instituições do Estado, a mentira, as *fake news*, o ódio e a boçalidade. Estes tornaram-se os modos oficiais de expressão política a partir do próprio chefe de Estado, que foi totalmente indiferente à desgraça provocada pela pandemia.

Tais comportamentos nada democráticos e republicanos tornam imperativo reforçar aqueles governantes que se propõem a cuidar do povo e fazer o cuidado se constituir na marca da condução da vida social no município, no estado e na federação. O Brasil precisa urgentemente de quem cuide dos pobres e marginalizados. Nesse sentido, os governos de Lula e de Dilma intencionalmente se propuseram a cuidar do povo, e não o administrar, mediante políticas sociais de resgate de sua vida e dignidade, conseguindo integrar na sociedade cerca de 35 milhões de pessoas marginalizadas.

Precisamos resgatar o poder como expressão político-jurídica da soberania popular e como meio a serviço de objetivos sociais coletivos. Só isso é moral e ético. É imperativo, pois, contar com políticos que não façam do poder um fim em si, e para seu proveito, ligados a processos de corrupção, tão frequentes em nossa história política, mas uma mediação necessária para realizar o bem comum, a partir de baixo, dos excluídos e marginalizados.

O paleocristianismo chamava isso de *liturgia*: o serviço ao povo, segundo a justiça, o direito e a paz social, bens do Reino de Deus que, em seu sentido último, significa uma nova relação com todas as realidades, tendo a vida, o amor social, a solidariedade e a compaixão como valores centrais. Hoje, contudo, em vez de cuidado, há na administração das demandas populares mais uma intenção de abafar a inquietação e afogar a revolta justa do que de atacar as causas da devastação.

É nesse contexto que devemos recuperar a figura ímpar de Mahatma Gandhi. Para ele, a política "é um gesto amoroso para com o povo" que se traduz pelo "cuidado com o bem-estar de todos a partir dos pobres". Ele mesmo disse: "Entrei na política por amor à vida dos fracos; morei com os pobres, recebi párias como hóspedes, lutei para que tivessem direitos políticos iguais aos nossos, desafiei reis, esqueci-me das vezes que estive preso". O mesmo se poderia dizer de outra figura exemplar, Nelson Mandela, que depois de dezenas de anos de prisão superou o *apartheid* da África do Sul.

O cuidado para com o povo exige conhecer suas entranhas por experiência, sentir seus apelos, compadecer-se de sua miséria, encher-se de iracúndia sagrada e escutar, escutar e mais uma vez escutar. Deveria haver um Ministério da Escuta, como aliás existe em Cuba. Nesse ministério deveriam estar os discípulos de Paulo Freire, e não os seguidores de Pavlov e de Skinner, mestres de uma visão mecanicista da vida humana.

O povo quer bem pouca coisa: trabalhar e, com o trabalho dignamente pago, comer, morar, educar os filhos, ter segurança, saúde, transporte, cultura e lazer para torcer pelos seus times do coração e fazer suas festas e cantorias. O que o povo mais quer é dignidade, ser reconhecido como gente e ser respeitado. O povo merece esse cuidado, essa relação amorosa que espanta o medo, confere confiança e realiza o sentido mais alto da política como cuidado de todos, especialmente dos mais empobrecidos e invisibilizados.

7

A fome como desafio ético e espiritual

Não há nada mais humanitário, social, político, ético e espiritual que saciar a fome dos pobres da Terra.

John Ruysbroeck (1293-1381), um místico medieval da escola holandesa, bem disse: "Se estiveres em êxtase diante de Deus e um faminto bater à sua porta, deixe o Deus do êxtase e vá atender o faminto. O Deus que deixas no êxtase é menos seguro do que o Deus que encontras no faminto". Daí se deriva o caráter sagrado do pobre e do faminto.

Jesus mesmo encheu-se de compaixão e saciou com pão e peixe as centenas de famintos que o seguiam. No núcleo central de sua mensagem se encontra o Pai Nosso e o Pão Nosso, na famosa oração do Senhor. Só está na herança de Jesus quem mantém sempre unidos o Pai Nosso com o Pão Nosso. Só esse poderá dizer amém.

Os níveis de pobreza mundial são estarrecedores. A Oxfam, uma das maiores ONGs do mundo, que anualmente mede os níveis de desigualdade social, concluiu recentemente: "Se considerarmos a fortuna pessoal dos 36 indivíduos mais ricos do mundo, ela é igual à renda dos 4,7 bilhões de pessoas mais pobres da humanidade. A cada cinco segundos, uma criança com menos de dez anos morre de fome ou de suas consequências imediatas".[23] No Brasil, com aproximadamente 203 milhões de habitantes, os seis maiores bilionários detêm a mesma riqueza que 100 milhões de brasileiros mais pobres.

A pandemia de covid-19 trouxe mais uma vez e com força o espantalho da fome em todo o mundo, afetando letalmente os mais pobres. No Brasil, devido ao desemprego e ao isolamento social necessário, o número de famintos subiu para mais de 30 milhões de pessoas. Tal fato é maior do que a palavra fria "desigualdade", traduzindo uma atroz injustiça social e, para quem se move no âmbito da fé judaico-cristã, essa injustiça social representa um pecado social e estrutural que afeta Deus, seus filhos e suas filhas.

A pobreza é sistêmica, pois é fruto de um tipo de sociedade que tem por objetivo acumular mais e mais bens materiais sem nenhuma consideração humanitária (justiça social) e ambiental (justiça ecológica). Essa sociedade pressupõe pessoas cruéis, cínicas e sem nenhum sentido de solidariedade, portanto, num contexto de alta desumanização e até de barbárie.

O ultraneoliberalismo afirma que a pobreza não é um problema ético, mas técnico. O pobre é pobre porque perdeu no processo de competição no mercado. Ele é culpabilizado por sua pobreza, quando sabemos que é vítima de um sistema econômico que concede direitos apenas ao mercado, que não possui nenhuma consideração, muito menos empatia pelos pobres e famintos deste mundo.

Nesse ponto, parece-me esclarecedora a posição do Prêmio Nobel de Economia, o indiano Amartya Sen, que criou a economia solidária. Para ele, a pobreza não se mede pelo nível de ingressos, mas pelo marco do "desenvolvimento humano", que consiste na ampliação das liberdades substantivas, representadas pela possibilidade e capacidade de produzir e realizar o potencial humano. Ser pobre é ver-se privado da capacidade de produzir a cesta básica ou de acessá-la. Ser pobre é ter negado o direito de viver com dignidade e com a liberdade de poder projetar seu próprio caminho.

O proposto por Amartya Sen possui um eminente grau de humanismo e uma decidida natureza ética. Daí o título de sua principal obra ser *Desenvolvimento como liberdade*.[24] A liberdade aqui é entendida como liberdade para ter acesso ao alimento, à saúde, à educação, a um ambiente ecologicamente saudável e à participação na vida social e a espaços de convivência e de lazer. Não se trata da liberdade em seu sentido burguês, como o direito de ir e vir, mas da liberdade para organizar sua própria existência e subsistência.

Nesse mesmo sentido proposto por Sen, a Teologia da Libertação e a Igreja que lhe subjaz nasceram a partir de um acurado estudo da pobreza. A pobreza é lida como opressão. Seu oposto não é riqueza, mas justiça social e libertação. A opção pelos pobres contra a pobreza é a marca registrada da Teologia da Libertação.

Para uma percepção da fé bíblica, o pobre sempre será a imagem desfigurada de Deus, a presença do pobre de Nazaré, crucificado que deve ser baixado da cruz. E por fim, no entardecer da história universal, os pobres serão os juízes de todos, porque famintos, nus e aprisionados não foram reconhecidos como a presença anônima do próprio Juiz Supremo diante do qual, um dia, todos comparecerão.

No evangelho fica claro que o que se pede não é um serviço a Deus, mas um serviço aos nus, aos famintos, aos aprisionados que Jesus chama de "pequeninos" (Mt 25,45). A estes é dirigida a palavra consoladora: "Vinde, benditos de meu Pai, tomai posse do Reino que vos está preparado desde a criação do mundo" (Mt 25,34).

8

O real nome da América Latina: Abya Yala ("terra madura")

O planeta Terra está passando por um processo que alguns veem como a inauguração de uma nova era geológica: do antropoceno, em que o humano já era a grande ameaça ao sistema-vida e ao sistema-Terra, para o necroceno, a sexta extinção em massa, propiciada por nossa própria espécie, e não por eventos naturais. Quer dizer, com a intrusão da covid-19 e a sistemática destruição de vidas perpetradas pelo próprio ser humano, estamos cada vez mais próximos de um armagedom ecológico e social.

Nesse cenário, irrompe a voz dos povos originários, portadores de consciência e de uma vitalidade reprimida por séculos. Foi grande o equívoco dos invasores europeus ao chamá-los de "índios", como se fossem habitantes de uma região da Índia que todos buscavam. Eles eram e são os povos Taíno, Ticuna, Zapoteca, Asteca, Maia, Olmeca, Tolteca, Mexica, Aymara, Inca, Quéchua, Tapajó, Tupi, Guarani, Mapuche e centenas de outros. Sua terra, a América, tem vários nomes: Tawantinsuyo, Anahuac, Pindorama e Abya Yala.

Sobre tudo o que dizem e pensam os povos originários, está a vasta sombra do extermínio infligido pelos invasores europeus. Durante quinhentos anos e até hoje, ocorre um dos maiores genocídios da história. Foram mortos por guerras de extermínio ou por doenças trazidas pelos brancos contra as quais não possuíam imunidade, por trabalhos forçados e mestiçagem forçada, cerca de 70 milhões de representantes desses povos.

Os dados mais seguros acerca desse genocídio contínuo foram levantados pela socióloga e educadora Moema Viezzer e pelo sociólogo e historiador canadense radicado no Brasil Marcelo Grondin. O livro, impressionante, com prefácio de Ailton Krenak, conhecida liderança indígena, leva como título *Abya Yala! Genocídio, resistência e sobrevivência dos povos originários das Américas*.[25] Um pequeno resumo:

No Canadá havia, em 1492, 2 milhões de habitantes originários e, em 1933, contavam-se apenas 120 mil. Nos Estados Unidos da América viviam, em 1607, cerca de 18 milhões de povos originários e, tempos depois, sobreviveram apenas 2 milhões.

No México, em 1500, havia 25 milhões de indígenas (astecas, toltecas e outros); setenta anos depois, restaram apenas 2 milhões. Em 1942, na América Central – Guatemala, Honduras, Belize, Nicarágua, El Salvador, Costa Rica e Panamá –, havia entre 6 e 13 milhões de indígenas, dos quais 90% foram mortos.

No Caribe, em 1492, quando chegaram os colonizadores, havia 4 milhões de indígenas. Anos após, não havia mais nenhum. Todos foram mortos, especialmente no Haiti. As Antilhas menores – Bahamas, Barbados, Curaçao, Granada, Guadalupe, Trinidad e Tobago e Ilhas Virgens – conheceram o mesmo extermínio quase total.

Nos Andes existiam, em 1532, 15 milhões de indígenas; poucos anos depois, restou apenas 1 milhão. Na Argentina, no Chile, na Colômbia e no Paraguai, em média, em alguns países mais e em outros menos, cerca de um milhão de indígenas morreram.

No Brasil, quando os portugueses aportaram nestas terras, havia cerca de 6 milhões de povos originários de dezenas de etnias com suas línguas. O desencontro violento os reduziu a menos de um milhão. Hoje, infelizmente, devido ao descuido por parte das autoridades, esse processo de morte continua, por meio do coronavírus e de perseguições.

Apesar do genocídio, historicamente houve resistência e, hoje, há várias cúpulas organizadas entre povos originários, de sul a norte das Américas. Com isso, eles se reforçam mutuamente, resgatam a sabedoria ancestral dos xamãs, as tradições e as memórias. Assim, com sua maneira de se relacionar amigavelmente com a natureza e com a Mãe Terra, Pachamama, fazem-se nossos mestres e doutores. Sentem-se tão unidos à floresta que, defendendo-a, defendem a si próprios.

Nessa linha, em 2007 foi criada a Cúpula dos Povos de Abya Yala, que evoca uma lenda-profecia que expressa o reencontro desses povos: o reencontro entre a Águia, representando a América do Norte, e o Condor, a América do Sul. Ambos foram gerados pelo Sol e pela Lua. Viviam felizes voando juntos, mas o destino os separou. A Águia dominou os espaços e quase levou o Condor ao extermínio.

No entanto, quis esse mesmo destino que, a partir da década de 1990, ao se iniciarem as grandes cúpulas entre os distintos povos originários, do sul e do norte, o Condor e a Águia se reencontrassem e começassem a voar juntos. Do amor de ambos nasceu o quetzal da América Central, uma das mais belas aves da natureza, ave da cosmovisão maia que expressa a união do coração com a mente, da arte com a ciência, do masculino com o feminino.

A adoção do nome comum Abya Yala – que significa "terra madura", "terra de sangue vital", "terra que floresce" na língua do povo Kuna do Panamá e norte da Colômbia – para todos os povos originários das Américas faz parte da construção de uma identidade comum na diversidade de suas culturas. É o começo do novo tempo, da grande reconciliação dos seres humanos entre si, como irmãos e irmãs, cuidadores na natureza, unidos por um mesmo coração pulsante e habitando na mesma e generosa Mãe Terra.

O sábio da nação yanomami, o pajé Davi Kopenawa, relata no livro *A queda do céu*[26] o que os xamás de seu povo estão entrevendo: a corrida da humanidade está rumando na direção de seu fim. Quem sabe, no meio das tribulações do tempo presente em que nossa cultura encontrou seus limites intransponíveis e se sente ungida a mudar de rumo, urgida pela devastação humana feita pela covid-19, ouçamos os xamás yanomami e o voo do quetzal.

9

A nova fase da Terra e da humanidade: a planetização

A consciência de um mundo sem fronteiras irrompeu já nos albores do século XVI, precisamente em 1521, quando Magalhães fez pela primeira vez o périplo do globo terrestre, comprovando empiricamente que a Terra é de fato redonda e que podemos alcançá-la a partir de qualquer ponto de onde estivermos. A partir daí, então, a globalização, na forma de ocidentalização do mundo, teve seu início devastador.

A Europa empreendeu sua aventura colonialista e imperialista de conquista e dominação de todas as terras, sempre postas a serviço dos interesses europeus corporificados na vontade de poder que bem podemos traduzir como vontade de enriquecimento ilimitado e de imposição da cultura branca, seja nas formas políticas, seja na religião cristã.

Essa aventura, como vimos, se fez sob grande violência. Genocídios, etnocídios, ecocídios. Ela significou para a maioria dos povos um trauma e uma tragédia, cujas consequências se fazem sentir até os dias de hoje – também entre nós, que fomos colonizados, introduzimos a escravidão e nos rendemos às grandes potências imperialistas.

Hoje, o processo iniciado pelo périplo de Magalhães desaguou em uma forte confrontação entre os nacionalismos e o processo de globalização, uma verdadeira luta contra os conglomerados econômico-financeiros que concentram grande parte da riqueza mundial na mão de um número pequeníssimo de pessoas. Segundo Joseph Stiglitz, Prêmio Nobel de Economia, o mundo tem 1% de biliardários contra 99% de dependentes e empobrecidos.

Esse tipo de globalização é de natureza econômico-financeira, jurássica e, no dizer do filósofo Edgar Morin, corresponde à fase de ferro da globalização. Mas a globalização é mais que um fenômeno da economia. Trata-se de um processo irreversível, de uma nova etapa da evolução da Terra e da humanidade. Descobrimos verdadeiramente a Terra quando tivemos a oportunidade de vê-la a partir de fora, pelas naves espaciais: uma única entidade complexa.

Na ocasião da quinta viagem à Lua, em 1972, o astronauta norte-americano John W. Young disse: "Lá embaixo, está a Terra, este planeta azul-branco, belíssimo, resplandecente, nossa *pátria humana*. Daqui da Lua, eu seguro-o na palma de minha mão. E desta perspectiva não há nele brancos ou negros, divisões entre leste e oeste, comunistas e capitalistas, norte e sul. Todos formamos uma única Terra. Temos que aprender a amar este planeta do qual somos parte".

O livro *The Overview Effect*,[27] escrito por Frank White em 1987, recolhe outros testemunhos de astronautas emocionados até as lágrimas com a pacífica visão de nosso planeta. "Vista a partir de fora, a Terra parece tão pequena e frágil, uma pequenina mancha preciosa que você pode cobrir com seu polegar. Tudo o que significa alguma coisa para você, toda a história, arte, o nascimento e a morte, o amor, a alegria e as lágrimas, tudo está naquele ponto azul e branco que você pode cobrir com seu polegar. E a partir daquela perspectiva você entende que tudo mudou... que a relação não é mais a mesma como fora antes", disse Russell Schweickart.[28]

Joseph P. Allen, por fim, comentou: "Discutiu-se muito os prós e contras das viagens à Lua. Não ouvi ninguém argumentar que devíamos ir à Lua para podermos ver de lá a Terra de fora da Terra. Depois de tudo, esta deve ter sido seguramente a verdadeira razão de termos ido à Lua".[29] Se nos esquecemos disso, a intrusão do coronavírus veio nos lembrar uma vez mais de que habitamos um único planeta Terra, unificado por todo tipo de relações e de influências.

Essa experiência de unidade da espécie humana – e da solidariedade e do cuidado que devemos ter uns com os outros que ficou tão evidente na pandemia – tornou proféticas as palavras do padre jesuíta Pierre Teilhard de Chardin ainda em 1933: "A idade das nações passou. Se não quisermos morrer, é hora de sacudirmos os velhos preconceitos e construir a Terra. A Terra não se tornará consciente de si mesma por nenhum outro meio senão pela crise de conversão e de transformação".

Em uma das encíclicas a que tenho voltado ao longo deste livro, o Papa Francisco divulgou a expressão "Casa Comum" para mostrar a profunda unidade da espécie humana que habita num mesmo espaço comum. Não falemos mais, portanto, de globalização, mas de planetização – um salto para a frente na ideia da geogênese. Não podemos retroceder e nos fechar, como pretendia Trump, ex-presidente dos Estados Unidos, dentro dos limites nacionais e com uma consciência diminuída do todo. Temos que nos adequar a esse novo passo que a Terra deu, esse superorganismo vivo.

O Sistema Solar, no qual está a nossa Terra, dista 27 mil anos-luz do centro da galáxia, a Via Láctea, na face interna do braço espiral de Orion. E esse sistema, com a Terra ao redor, é um quase nada; quanto a nós, somos *une quantité négligeable*, perto do zero. Contudo, é daqui que a Terra, através de nós, contempla o inteiro universo, do qual é parte. É através de nossa inteligência que ela é parte do próprio universo; é através de nós que ela se pensa a si mesma. O que conta em nós não é a quantidade, mas a qualidade única. Somos capazes de pensar, amar o universo e venerar aquele que permanentemente o sustenta.

Quem fez a descoberta da Terra, afinal? Nós. E não apenas descobrimos a Terra. Descobrimos que somos aquela porção da Terra que pensa, ama e cuida. Por isso, a palavra "humano" (*homo*, em latim) vem de húmus, terra fértil; Adão procede de Adamah, terra fecunda, que significa o filho e a filha da Terra. Nós somos o momento de consciência e de inteligência da Terra. Somos os únicos entre os seres da natureza, embora sempre ligados a ela, pois somos parte dela, cuja missão ética é cuidar dessa herança bem-aventurada, fazê-la um lar habitável para nós e para toda a comunidade de vida.

Se assim é, por que a temos maltratado e superexplorado e estamos destruindo as bases que sustentam nossa vida? Se há uma lição que a Mãe Terra nos quer transmitir através da covid-19 é, seguramente, que mudemos nossa relação com a natureza. É como se ela dissesse, evocando uma passagem bíblica: "[...] Escolhe, pois, a vida, para que vivas com a tua posteridade, [...] Porque é esta a tua vida e a longevidade dos teus dias na terra que o Senhor jurou dar a Abraão, Isaac e Jacó, teus pais" (Dt 30,19-20).

Não estamos correspondendo a esse chamado da própria Terra. Temos que despertar e assumir essa nobre missão de construir a planetização e consolidar esta nova era do planeta e da humanidade.

Voltemos aos astronautas. No livro de Frank White, Eugene Cernan diz: "Da superfície lunar olhava com um tremor reverencial para a Terra, num transfundo muito escuro. O que eu via era demasiadamente belo para ser apreendido, demasiadamente ordenado e cheio de propósito para ser um mero acidente cósmico. A gente se sente interiormente obrigado a louvar a Deus. Deus deve existir por ter criado aquilo que eu tive o privilégio de contemplar. Espontaneamente surgem a veneração e a ação de graças. É para isso que existe o universo".[30]

SEGUNDA PARTE
ECOLOGIA INTEGRAL

10

O relógio da Terra e o surgimento do humano

Para colocar a história humana em perspectiva, proponho que se faça aquele exercício de imaginação em que a idade da Terra, de 4,5 bilhões de anos, transcorre em um dia de 24 horas. Bem no início, na hora zero, antes de a Terra existir, havia apenas uma nuvem de gás rodando sobre si mesma. Alguns milhões de anos depois, formou-se um núcleo, o Sol, que atraiu a Terra e outros planetas ao redor dele.

Quando o relógio chegou às duas e quarenta da madrugada, havia-se formado a crosta terrestre e os oceanos. Isso perdurou por algumas centenas de milhões de anos. Quando o relógio apontou 3h30, ou seja, há 3,8 bilhões de anos, apareceram os primeiros sinais de vida. Muito tempo depois, às 23h30, haviam surgido todas as espécies de vida, inclusive os dinossauros, que reinaram por 133 milhões de anos andando por todo o planeta – seu sangue se adaptava a todos os climas e regiões.

Quando o relógio marcava 23h50, apareceram, há 65 milhões de anos, os primeiros mamíferos. Com eles surgiu o cérebro límbico, sede do cuidado, da empatia e do afeto. Às 23h58, há 7-8 milhões de anos, foi a vez de emergir o ser humano. Fomos os últimos a chegar ao processo da evolução do planeta Terra, não como sua coroa, mas como um membro importante da longa e complexa cadeia da vida, ao lado e junto de outros seres vivos. Viemos dotados do cérebro neocortical, que nos permite pensar e falar. Como vimos, nos distinguimos ainda por algo especial: recebemos a missão, o dever ético de "cultivar o solo e o guardar" (Gn 2,15), ou seja, cuidar do jardim do Éden, isto é, da Terra.

Somos o resultado de um imenso processo anterior a nós. Estamos permanentemente ligados a ele, que criou e cria, em cada momento, todas as condições físicas, químicas, energéticas, informacionais e ecológicas para estarmos aqui.

Somente Jesus ressuscitado, assim creem os cristãos, chegou ao fim do processo da evolução, às 24 horas, culminando na criação boa de Deus. Portanto, como diz o filósofo Ernst Bloch: "O verdadeiro Gênesis não está no começo, mas no fim", quando irrompeu o *"novissimus Adam"* (1Cor 15,45), o ser humano plenamente realizado, Jesus ressuscitado.

Só então, como dizem as Escrituras, "Deus contemplou toda a sua obra, e viu que tudo era muito bom" (Gn 1,31). Em toda essa longa e complexa caminhada, estava atuante aquela energia de fundo e originária, poderosa e amorosa, aquele ser que faz ser todos os seres, que comparece como o Grande Atrator, que atrai para si o inteiro universo junto com os seres humanos.

Quando culminará esse momento? Ele está para além das possibilidades da ciência e da razão humana, sempre limitada. Pertence à zona do mistério. Só o Criador sabe sua divina, suprema e eterna realidade. Ele nos colocou na existência para ver-se a si mesmo, como num espelho, e para sermos companheiros de sua vida eterna, de relação, de comunhão, de inclusão e de amor. Oh, glória!

11

A Terra e a natureza, sujeitos de direitos

Até o presente momento, o sonho do homem ocidental e branco, universalizado pela globalização, dominou a Terra e a submeteu junto aos demais seres, para deles auferir benefícios de forma ilimitada. Fazendo um rápido balanço, esse sonho, depois de três séculos de duração, implicou tanta violência que se transformou num pesadelo aterrador.

Impõe-se agora uma reconstrução de nossa humanidade e de nossa civilização com outro tipo de relação para com a natureza e para com a Terra. É aqui que entram os direitos da Terra, que só serão respeitados se refizermos o contrato natural com ela. Todo contrato é feito a partir da reciprocidade, da troca e do reconhecimento de direitos de cada uma das partes. Da Terra recebemos tudo: a vida e os meios de vida. Em retribuição, em nome do *contrato natural*, temos um dever de gratidão.

Ao afirmarmos, como grande parte da comunidade científica sustenta, que a Terra é um superente que se comporta sistemicamente para continuar sempre vivo, complexo, com uma miríade de seres vivos que compõem a biosfera, a consequência é a admissão de que ela, igualmente, e com muito mais razão que outros seres animados, é portadora de dignidade, própria de toda a vida e, por isso, sujeita de direitos. Aos direitos dela, portanto, correspondem deveres de nossa parte.

De alguma forma misteriosa, mas real, a Terra é dotada de capacidade de sentir, de possuir um propósito, de se reger por uma ordem racional interna; enfim, é portadora de um grau próprio de espírito. Essa subjetividade tem história, encontra-se dentro do imenso processo cosmogênico no qual todos estão interligados, trocando informações e se enriquecendo, a ponto de, num momento de altíssima complexidade, a consciência que se escondia em todas as coisas vir à tona e se tornar autoconsciente.

Esse momento representa a emergência do ser humano, a porção consciente da Terra que, por sua vez, é a porção consciente do universo. Ora, o ser humano é a própria Terra que sente, pensa, ama, cuida e venera. Uma das maiores conquistas morais da história foi reconhecer a dignidade humana que se expressa por direitos fundamentais e inalienáveis. Esses direitos humanos, pelo fato de sermos Terra, devem ser atribuídos também à Terra. Esse é o dever que nos cabe no contrato que rompemos.

Temos submetido a Mãe Terra a uma verdadeira guerra, no afã de arrancar-lhe, sem nenhuma consideração, tudo o que achamos útil para o nosso uso e desfrute. Essa volúpia fez com que, nos últimos cinquenta anos, ocorresse uma perda de 40% das florestas, 50% das áreas alagadas, 35% dos manguezais e 25% das terras cultiváveis, e que o estoque de peixes fosse reduzido em 80%. A Terra perdeu porções importantes de sua biodiversidade – cerca de 100 mil espécies são dizimadas anualmente, segundo o biólogo Edward Wilson – e com consequências graves ao seu equilíbrio climático.

Em sua encíclica de ecologia integral, Laudato Si', o Papa Francisco enfatiza repetidamente o seguinte: "Visto que todas as criaturas estão interligadas, deve ser reconhecido com carinho e admiração o valor de cada uma" (n. 42). Continua: "cada criatura possui um valor e um significado" (n. 76).[31] Todos são sujeitos de dignidade e de direitos, contrariamente ao que pensa o neoliberalismo.

A partir de agora, devemos nos considerar o filho pródigo e voltar, contritos, para a Terra, a Casa Comum, e fazer uma reparação não apenas teórica, mas também prática. A Terra é nossa Mãe, é a Pachamama dos andinos e a Gaia dos modernos. Se não restabelecermos esse laço de mutualidade, dificilmente ela conseguirá nos oferecer gratuitamente o que por milhares e milhares de anos nos galardoou a nós e a toda a comunidade da vida.

Estou convencido de que o coronavírus é um sinal que a Mãe Terra nos enviou. O isolamento social não foi fortuito, mas uma espécie de retiro existencial para refletirmos sobre o modo como temos tratado a natureza, sempre com violência, degradando os ecossistemas com a mineração, com o extrativismo, com a monocultura da soja, do girassol e da cana e com a criação extensiva de gado.

Apesar das rupturas do contrato natural, a Mãe Terra continua ainda a nos dar tudo de que precisamos. Não obstante o aquecimento global e a erosão da biodiversidade, o sol continua nascendo, o sabiá cantando de manhã, as flores sorrindo aos passantes, os colibris esvoaçando por sobre os botões dos lírios e as crianças nascendo, confirmando-nos que Deus ainda acredita na humanidade.

Anima-nos o Papa Francisco em sua encíclica Laudato Si':[32] "O Criador não nos abandona, nunca recua no seu projecto de amor, nem Se arrepende de nos ter criado. A humanidade possui ainda a capacidade de colaborar na construção da nossa casa comum" (n. 13). E arremata com este apelo: "A humanidade é chamada a tomar consciência da necessidade de mudanças de estilos de vida, de produção e de consumo" (n. 23).

Na Fratelli Tutti,[33] Francisco ainda enfatiza especialmente a solidariedade, que é um dos fundamentos do humano e do social. Ela "manifesta-se concretamente no serviço, que pode assumir formas muito variadas de cuidar dos outros. O serviço é, 'em grande parte, cuidar da fragilidade' […]" (n. 115). Essa solidariedade – que se mostrou ausente e só depois eficaz no combate à covid-19 – impede a bifurcação da humanidade, continua a Fratelli Tutti, entre o "meu mundo" e os "outros", "eles", pois "muitos deixam de ser considerados seres humanos com uma dignidade inalienável passando a ser apenas 'os outros'" (n. 27). "No fim, oxalá já não existam 'os outros', mas apenas um 'nós'" (n. 35).

Em outras palavras: importa articular o contrato natural com o contrato social; vale dizer, estruturar uma sociedade organizada por um contrato social que inclua consciente e legalmente o contrato natural. Nesse sentido, o ex-presidente da Bolívia, o indígena aymara Evo Morales Ayma, vem repetindo que o século XXI será o século dos direitos da Mãe Terra, da natureza e de todos os seres vivos.

Em seu pronunciamento na ONU no dia 22 de abril de 2009, no qual estive pessoalmente presente, cabendo-me o discurso de fundamentação teórica da Terra como Mãe, ele elencou alguns destes direitos da Mãe Terra:

- o direito de sua regeneração e de sua da biocapacidade;
- o direito à vida, garantido a todos os seres vivos, especialmente àqueles ameaçados de extinção;
- o direito a uma vida pura, porque a Mãe Terra tem o direito de viver livre de contaminações e poluições de toda ordem;
- o direito ao bem viver, propiciado a todos os cidadãos;

- o direito à harmonia e ao equilíbrio com todas as coisas da Mãe Terra;
- o direito à conexão com a Mãe Terra e com o todo do qual somos parte.

Essa visão permite renovar o contrato natural para com a Terra, que, articulado com o contrato social entre os cidadãos, acabará por reforçar a sustentabilidade planetária. Para os povos originários, tal atitude era natural. Já nós, na medida em que perdemos a conexão com a natureza, perdemos também a consciência de nossa relação de reconhecimento e gratidão para com ela.

A afirmação mais impactante do discurso de Evo Morales Ayma na ONU talvez tenha sido a de que "se o século XX é reconhecido como o século dos direitos humanos, individuais, sociais, econômicos, políticos e culturais, o século XXI será reconhecido como o século dos direitos da Mãe Terra, dos animais, das plantas, de todas as criaturas vivas e de todos os seres, cujos direitos também devem ser respeitados e protegidos".

Os grandes contratualistas ocidentais, como Immanuel Kant, Thomas Hobbes, Adam Smith e Jean-Jacques Rousseau, restringiram a ética e o direito apenas às relações entre os humanos. Somente se admitiam obrigações humanas para com os demais seres, especialmente os animais, no sentido de não os destruir ou os submeter a sofrimentos e crueldades desnecessárias.

Essa desconsideração basilar do pensamento ocidental da noção de que cada ser possui valor intrínseco, independentemente de seu uso humano e do fato de que todos são portadores do direito de existir dentro da mesma Casa Comum, abriu caminho para que a natureza fosse tratada como mero objeto, campo de exercício da liberdade, da criatividade e da exploração ilimitada por parte do ser humano, o único portador de dignidade e de direitos.

Coube à América Latina, como o mostrou Eugenio Raúl Zaffaroni,[34] notável criminalista e juiz da corte suprema da Argentina, desenvolver um pensamento constitucionalista de natureza ecológica no qual a Terra e todos os seres da natureza, particularmente os vivos e os animais, são titulares de direitos.

Dois países latino-americanos, o Equador e a Bolívia, fundaram um verdadeiro constitucionalismo ecológico; por isso, estão à frente de qualquer outro país dito "desenvolvido".

A Constituição de Montecristi da República do Equador de 2008 diz explicitamente em seu preâmbulo:[35] "Celebramos a natureza, a Pachamama, da qual somos parte e que é vital para nossa existência". Em seguida, enfatiza que a República se propõe a construir "uma nova forma de convivência cidadã, em diversidade e em harmonia com a natureza, para alcançar o *bien vivir*, o *sumak kawsay* (o viver pleno)".

O artigo 71 do Capítulo VII dispõe: "A natureza ou a Pachamama, onde se reproduz e se realiza a vida, tem direito a que se respeite integralmente sua existência e a manutenção e regeneração de seus ciclos vitais, estrutura, funções e processos evolutivos. Toda pessoa, comunidade, povoado ou nacionalidade poderá exigir da autoridade pública o cumprimento dos direitos da natureza.[...] O Estado incentivará as pessoas naturais e jurídicas e os entes coletivos para que protejam a natureza e promovam o respeito a todos os elementos que formam um ecossistema".

Comoventes são também as palavras do preâmbulo da Constituição Política do Estado Multinacional boliviano, aprovada em 2009:[36] "Cumprindo o mandato de nossos povos, com a fortaleza de nossa Pachamama e graças a Deus, refundamos a Bolívia".

O artigo 33 prescreve: "As pessoas têm o direito a um meio ambiente saudável, protegido e equilibrado. O exercício deste direito deve permitir aos indivíduos e às coletividades das presentes e futuras gerações, incluídos outros seres vivos, desenvolver-se de maneira normal e permanente". Já o artigo 34 dispõe: "Qualquer pessoa, a título individual ou em representação de uma coletividade, está facultada a exercer ações legais em defesa do meio ambiente".

Aqui temos um verdadeiro constitucionalismo ecológico que ganhou corpo e letra nas respectivas Constituições da Bolívia e do Equador. Tais visões são antecipatórias daquilo que deve ser para todas as constituições futuras da humanidade. Somente com tal mentalidade e disposição o contrato natural será articulado com o contrato social. Dessa forma, garantiremos um destino comum feliz para as várias sociedades da única Casa Comum, a Mãe Terra.

Continuarão "as densas sombras" sobre as nossas vidas, como se afirma na Fratelli Tutti, do Papa Francisco. A luz que nos é oferecida não dissipará todas as sombras, mas nos mostrará o caminho certo. E isso já é suficiente. Temos que caminhar fazendo caminho.

12

A sobrecarga da Terra: todos os sinais entraram no vermelho

No dia 28 de julho de 2022, ocorreu um fato preocupante para a humanidade e para cada um individualmente. Foi o chamado "Dia da Sobrecarga da Terra" (*Earth Overshoot Day*). Quer dizer: foi o dia em que gastamos todos os bens e serviços naturais renováveis, básicos para sustentar a vida. Estávamos no verde e agora entramos no vermelho, ou no cheque especial.

A consequência dessa sobrecarga é o aquecimento global, revelado em eventos como as grandes enchentes ocorridas em julho de 2021 em países como Alemanha, Bélgica e Turquia, causando centenas de vítimas, além de um aquecimento abrupto que chegou a mais de 50 graus em alguns lugares. Em fevereiro de 2022, assistimos a um grande deslizamento de terra em Petrópolis que vitimou mais de 200 pessoas e deixou centenas de desabrigados. Em março de 2023, ocorreu uma tragédia semelhante, em São Sebastião, litoral norte de São Paulo, que também fez inúmeras vítimas e destruiu dezenas de casas. Nesse mesmo ano, houve grandes enchentes na Bahia e em Minas Gerais, deixando várias cidades inundadas pelas águas. O mesmo aconteceu em Goiás, no Maranhão e em Manaus, que tiveram grandes áreas inundadas. São os efeitos da mudança de regime climático. Alguns analistas dizem: o planeta não se aqueceu; ele se tornou, em alguns lugares, uma fornalha.

Isso significa que dezenas de organismos vivos não conseguirão se adaptar e acabarão morrendo. Hoje, o aquecimento, que tem provocado eventos extremos neste início de século, é de mais de um grau Celsius. Se chegar, como previsto, por volta de 2030, a um e meio até dois graus, cerca de um milhão de espécies vivas estará prestes a desaparecer depois de milhões de anos vivendo neste planeta.

Diante desse cenário, entendo a resignação e o ceticismo de muitos meteorólogos e outros cientistas que afirmam termos começado tarde demais a combater o aquecimento global. Os especialistas argumentam, desolados, que temos pouco a fazer, pois o dióxido de carbono já está excessivamente acumulado. Ele permanece na atmosfera por entre 100 e 120 anos, agravado pelo metano – trinta vezes mais tóxico, embora fique por pouco tempo no ar. O metano irrompeu devido ao degelo das calotas polares e do permafrost, que começa no Canadá e atravessa toda a Sibéria, aumentando o aquecimento global.

Temos, então, uma dívida ecológica que não para de crescer e que é paga a juros altíssimos, que são os distúrbios climáticos, a escassez de água, a erosão da biodiversidade, a perda de solos férteis. Precisamos de mais de uma Terra e meia (1,6) para atender a nossas demandas. Essa é a chamada "pegada ecológica da Terra", ferramenta usada para medir a quantidade de terra fértil e de mar necessária para gerar os meios de vida indispensáveis, como água, grãos, carnes, peixes, fibras, madeira, energia renovável e outros mais.

Hoje dispomos de 12 bilhões de hectares de terras férteis (florestas, pastagens, cultivos), mas, na verdade, precisaríamos de 20 bilhões. Como cobrir esse déficit de 8 bilhões? Sugando mais e mais a Terra. Até quando? Estamos descapitalizando a Mãe Terra lentamente. Não sabemos quando seu colapso acontecerá, mas, se o nível de consumo e desperdício dos países opulentos não for reduzido, ele virá com consequências nefastas para todos.

Essa sobrecarga ecológica é um empréstimo que estamos tomando das gerações futuras. Tememos que nossos descendentes, olhando para trás, acabem nos amaldiçoando: "Vocês não pensaram nos seus filhos, netos e bisnetos; não souberam poupar e desenvolver um consumo sóbrio e frugal para que da Terra restasse algo de bom para nós, e não só para nós, mas também para todos os seres vivos, nossos irmãos e irmãs na comunidade de vida, que precisam daquilo de que nós precisamos?".

Em média, cada pessoa precisaria para a sua sobrevivência de 1,7 hectare de terra – quando falamos de hectares não pensamos apenas no solo, mas em tudo o que ele nos permite produzir, como móveis, roupas, tinturas, princípios ativos naturais para a medicina, minerais e outros. Quase metade da humanidade (43%) está abaixo desse percentual, enquanto 54% da população mundial vive muito além de suas necessidades.

A Eritreia tem uma pegada ecológica de 0,4 hectare; Bangladesh, de 0,7; a da Índia é de 1,2; a do Brasil, já acima da média mundial, é de 2,9. Os Estados Unidos têm uma pegada de 8,6 hectares; o Canadá, 8,2; o pequeno Luxemburgo, 15,8; e a Itália, 4,6. A desigualdade é notável.

Como se vê, o que gastaremos daqui para a frente será violentamente arrancado da Terra para manter o nível de consumo perdulário dos países ricos. Na verdade, a "sobrecarga da Terra" é o resultado da perversa injustiça social, cruel e desapiedada que vigora no mundo: 15% dos que vivem nas regiões opulentas do norte do planeta dispõem de 75% dos bens e serviços naturais e 40% da terra fértil. Outros milhões, quais cães famélicos, devem esperar as migalhas que caem de suas bem servidas mesas.

Essa é a lógica vigente da atual economia de mercado neoliberal, irracional e suicidária. Radicalizando, eu diria: o ser humano está se revelando o satã da Terra, e não o seu anjo da guarda. Temos que mudar muito para poupar a Mãe Terra para que ela ainda nos queira aqui e nos forneça tudo de que precisamos para viver decentemente.

13

Questão de vida ou morte: que tipo de Terra queremos?

O Relatório do Desenvolvimento Humano da ONU de 1999,[37] renovado posteriormente com dados ainda mais graves, mostra que a relação entre os 5% mais ricos da população mundial e os 5% mais pobres era, em l960, de 1 para 30; em 1990, saltou de 1 para 60, e em 1995, de 1 para 74. O já citado biólogo Edward Wilson comenta esses dados: "Para que o resto do mundo atingisse o nível de consumo dos EUA com a tecnologia existente, seriam necessários quatro planetas iguais à Terra".[38]

Para uma alternativa viável, os economistas do sistema atual não podem ser conselheiros fiáveis. Eles trabalham com números que ocultam as contradições. Para eles, a economia real, a de mercado, medida pelo PIB e pelo consumo *per capita*, produz riqueza que aumenta dia após dia. Segundo eles, isso é receita de sucesso, mas, como os dados da ONU mostram, o aumento da riqueza só tem aprofundado a desigualdade.

Para a outra economia, a da natureza, medida pelo Índice Planeta Vivo e pelo estado geral da biosfera, a riqueza está diminuindo a cada dia. O Fundo Mundial para a Natureza calcula que entre 1970 e 1994 a economia natural caiu 30%. A partir de 1990, a taxa de queda foi de 3% ao ano – nível que ainda persiste ou piorou. Tais dados, que para a economia de mercado são chamados de "externalidades" (coisas que não entram nos cálculos econômicos), têm pesadas consequências: ameaçam a biosfera e podem inviabilizar o futuro da humanidade.

O ecoeconomista Ladislau Dowbor resume o problema em claras palavras em seu livro *Democracia econômica*:[39] "Parece bastante absurdo, mas o essencial da teoria econômica com a qual trabalhamos não considera a descapitalização do planeta. Na prática, em economia doméstica, seria como se sobrevivêssemos vendendo os móveis, a prata da casa, e achássemos que com este dinheiro a vida está boa, e que, portanto, estaríamos administrando bem a nossa casa. Estamos destruindo o solo, a água, a vida nos mares, a cobertura vegetal, as reservas de petróleo, a camada de ozônio, o próprio clima, mas o que contabilizamos é apenas a taxa de crescimento".

Um dado recente revelado por um grupo de ecologistas e economistas diz que o valor da contribuição da natureza na economia atual é de 33 trilhões de dólares por ano. Isso representa quase duas vezes o produto mundial bruto, que foi da ordem de 18 trilhões de dólares. Em outras palavras, se a humanidade quisesse substituir os serviços da natureza por recursos artificiais, precisaria acrescentar ao PIB mundial pelo menos 33 trilhões de dólares.

Como vimos, a resposta para o tipo de Terra que queremos para o futuro só poderá vir de um novo paradigma de sociedade mundial, de uma nova ótica das coisas que dê origem a uma nova ética (vale o trocadilho). Enquanto esse processo já em curso não triunfar, precisamos cobrar do sistema imperante tudo o que ele pode dar para o bem da Terra – e ele tem muito a dar, embora dê muito pouco, como se viu na Conferência da ONU em Monterrey.

Curiosamente, como já foi comentado por um grande empresário, "os profetas do neoliberalismo estão se transformando em promotores da economia social porque concebem, diante da catástrofe atual, que já não será possível fazer o mesmo que antes e que será necessário voltar aos imperativos sociais". Em grande parte, a preocupação salvacionista está a cargo de grupos privados, as grandes agências de proteção da natureza.

Estima-se que existam, atualmente, mais de 30 mil ONGs de engajamento humanitário e ecológico, mas essa responsabilidade deveria ser de todos, da humanidade e dos Estados. Por exemplo, para implementar uma política de conservação global bastariam 30 bilhões de dólares/ano. Isso representaria apenas uma pequena fração do PIB mundial.

O cientista Daniel H. Janzen sugeriu a introdução do imposto de um centavo por xícara de café, que seria suficiente para financiar a conservação e a administração das reservas naturais existentes. Esse espírito de colaboração e de solidariedade se mostrou urgente na pandemia do coronavírus. Foi ele que deixou para trás o soberanismo e propiciou a ajuda mútua entre os países para salvar as vidas dos afetados pela covid-19.

Ao não determos os distúrbios climáticos e ao não mudarmos de paradigma para com a natureza, conheceremos dias piores. Se não podemos mais deter o aumento do aquecimento global com a ciência e a técnica que possuímos, podemos pelo menos mitigar seus efeitos deletérios e salvar o máximo da imensa biodiversidade do planeta.

Permito-me um testemunho pessoal: já há quarenta anos venho repetindo essa lição e me sinto, lamentavelmente, um profeta no deserto. Nesses momentos, me lembro das palavras de otimismo do biólogo Edward Wilson: "Uma civilização capaz de intuir a existência de Deus e iniciar a colonização do espaço certamente encontrará um meio de salvar a integridade deste planeta e as formas de vida magníficas que ele abriga".[40] Bem haja!

14

Ainda somos capazes de salvar a vida e salvaguardar a Terra?

No dia 8 de agosto de 2021, o Painel Intergovernamental sobre Mudanças Climáticas (IPCC) publicou um relatório, feito a cada dois anos e fruto da pesquisa de mais de cem especialistas de 52 países, sobre a situação climática da Terra. Nunca o documento foi tão claro como dessa vez.

Enquanto em relatórios anteriores se afirmava que havia 95% de certeza de que o aquecimento global seria antropogênico, isto é, de origem humana, agora se sustenta sem restrições que ele é, de fato, consequência dos seres humanos e de sua forma de habitar a Terra, derivado, especialmente, do uso de energia fóssil (petróleo, carvão e gás) e de outros fatores negativos.

Em 2016, as emissões globais de gases do efeito estufa somavam cerca de 52 gigatoneladas de CO_2 ao ano. Se não mudarmos de curso, chegaremos, em 2030, a 58 gigatoneladas de emissões. Nesse nível, haveria uma dizimação fantástica da biodiversidade e uma proliferação de bactérias e vírus como jamais ocorrida.

O cenário apresenta-se dramático. Nos últimos anos, a ONU organizou muitas COPs (Conferência das Partes) acerca do aquecimento global, mas nunca havia uma convergência. Somente na COP21, em Paris, chegou-se a um consenso mínimo assumido por todos: evitar que o aquecimento chegue aos 2 °C e se estabilize em 1,5 °C. Para isso, afirmam os cientistas, as emissões precisam cair pela metade (25-30 gigatoneladas). Caso contrário, com a Terra em chamas, conheceríamos eventos ainda mais extremos do que os que já estamos vivenciando.

Lamentavelmente, a orientação da COP21 não é vinculante. Quem quiser pode segui-la, mas não existe nenhuma obrigatoriedade, como exemplificaram os Estados Unidos e o Brasil. Lá, primeiro as medidas ecológicas de Barack Obama foram vetadas pelo Congresso, depois Donald Trump as negou rotundamente como algo sem sentido e enganoso e, por fim, só recentemente o presidente Joe Biden retomou os compromissos. Já aqui, Jair Bolsonaro – talvez aquele que tenha sido o político mais perigoso de todos, por sua estupidez e pela arrogância em desprezar os dados científicos – não só negou qualquer medida no sentido do acordo como ainda promoveu a destruição ecológica em larga escala.

Ainda assim, o relatório atual do IPCC insinua que será difícil, mas que temos conhecimento científico e capacidade tecnológica e financeira para enfrentar as mudanças climáticas, desde que todo mundo – países, cidades, empresas e indivíduos – se empenhe seriamente desde já. Sou da opinião, contudo, de que não basta apenas ciência e tecnologia para diminuir os gases do efeito estufa. Seria demasiada crença na onipotência da ciência, que até hoje não sabe, por exemplo, como enfrentar totalmente a covid-19.

O Papa Francisco aponta em sua encíclica Fratelli Tutti que devemos forçosamente mudar. Passar do paradigma dominante que criou a modernidade – inspirado, como vimos, por Descartes –, do ser humano senhor e dono (*dominus*) da natureza não se entendendo parte dela e por isso podendo explorá-la como bem entender, para o paradigma do irmão e da irmã (*frater*), pelo qual o ser humano se sente parte da natureza, irmão de todos os seres, tendo como missão cuidar dela.

Francisco destaca, como base de sustentação de sua proposta, as virtudes ausentes ou vividas apenas subjetivamente no paradigma do "senhor e dono": o amor universal, a amizade social, o cuidado para com tudo o que existe e vive, a solidariedade sem fronteiras, a ternura e gentileza em todas as relações entre os humanos e com a natureza. O Papa universaliza tais virtudes, que hoje são privatizadas. Portanto, sua alternativa se alimenta daquilo que é essencial e o melhor do ser humano, aquilo que de fato nos faz humanos.

"Parece uma utopia ingênua, mas não podemos renunciar a este sublime objetivo" (n. 190),[41] diz Francisco, que, quase no limite do desespero, não obstante sua fé inabalável, enraíza suas esperanças no "Deus, apaixonado amante da vida" (Sb 11,26). Precisamos alimentar a esperança que "nos fala duma realidade que está enraizada no mais fundo do ser humano, independentemente das circunstâncias concretas e dos condicionamentos históricos em que vive" (n. 55), conclui.

Essa urgente conversão de paradigma demanda tempo, pois todo o sistema está azeitado para produzir e consumir mais. Só que, naturalmente, precisamos ter paciência para com o ser humano. Ele não está pronto ainda. Tem muito a aprender. Em relação à história cósmica, tem menos de um minuto de vida.

Mas haverá tempo para tal aprendizado? Tudo parece indicar que o tempo do relógio corre contra nós. Por outro lado, como a evolução não é linear e conhece frequentes rupturas e saltos para cima e como existe o caráter indeterminado e flutuante de todas as energias e de toda a evolução, consoante a física quântica de W. Heisenberg e de N. Bohr, nada impede que ocorra a emergência de um outro patamar de consciência e de vida humana que salvaguarde a biosfera e a Terra.

Essa transmutação seria, segundo Santo Agostinho em suas *Confissões*, fruto de duas grandes forças: de um grande amor e de uma grande dor. É o amor e a dor que têm o condão de nos transformar inteiramente, de mostrar o caminho para um novo paradigma. Dessa vez, mudaremos por um imenso amor à Terra, nossa Mãe, e por uma grande dor pelas penas que ela está sofrendo.

Por fim, o processo da cosmogênese e da antropogênese propiciou também a emergência da fé e da esperança. Elas são parte da realidade total. Não invalidam as advertências citadas, mas abrem outra janela que nos assegura que o Criador, por seu filho Jesus Cristo, é o salvador universal e jamais abandonará a sua criação nascida de seu amor.

Essa fé e esperança permitem ao Papa Francisco falar "para além do sol" com estas palavras: "Caminhemos cantando; que as nossas lutas e a nossa preocupação por este planeta não nos tirem a alegria da esperança".[42] O princípio da esperança supera todos os limites e mantém sempre aberto o futuro, pois é fundado em algo objetivo: no caráter virtual da realidade. O potencial e o utópico – aquilo que ainda não é, mas pode ser – também fazem parte do real. E, se estão potencialmente lá, podem ser ativados, podem ser feitos projetos pessoais e políticos.

Aqui cabe citar a *Era dos extremos*, do historiador Eric Hobsbawm: "O futuro não pode ser a continuação do passado [...] Nosso mundo corre o risco de explosão e implosão [...] Não sabemos para onde estamos indo.

[...] Contudo uma coisa é clara. Se a humanidade quer ter um futuro que vale a pena, não pode ser pelo prolongamento do passado ou do presente. Se tentarmos construir o terceiro milênio sobre esta base, vamos fracassar. E o preço do fracasso, ou seja, a alternativa para a mudança da sociedade, é a escuridão".[43]

Recuso-me a pensar que nosso destino, depois de milhões de anos de evolução, termine assim miseravelmente. Haverá um salto, quem sabe, na direção daquilo que Pierre Teilhard de Chardin anunciava já em 1933: a irrupção da noosfera, vale dizer, aquele estado de consciência e de relação com a natureza que inaugurará uma nova convergência de mentes e corações e, assim, um novo patamar da evolução humana e da história da Terra.

15

Adoecemos a Terra e a Terra nos adoece

Nesses anos de pandemia, todos, de uma forma ou de outra, nos sentimos doentes física, psíquica e espiritualmente. Não por acaso. No Brasil, em especial, fomos vítimas de um chefe de Estado insano que não elaborou nenhum projeto oficial de preservação da vida de seu povo, chegando até a ensaiar, no estado do Amazonas, uma imunização como efeito de contaminação massiva de indivíduos (a chamada imunização de rebanho), causando a morte por sufocamento de muitas pessoas.

Para além das atrocidades e dos erros políticos, por que chegamos a isso? Mero acaso? Não. É errôneo considerar o vírus isoladamente. O contexto de sua irrupção, como já vimos, está na forma como organizamos já há três séculos nossa sociedade: na pilhagem ilimitada dos bens e serviços da Terra para proveito e enriquecimento humano, que nos levou a ocupar 83% do planeta, desflorestado, poluindo o ar, a água e os solos.

É notório que a pandemia é consequência do antropoceno, quer dizer, do avanço agressivo do sistema imperante, baseado no lucro ilimitado, que ultrapassou os limites suportáveis pela Terra. Pelo desmatamento, promovido ferozmente sob o governo do ex-presidente Jair Bolsonaro, pelo cultivo de monoculturas e pela geral poluição do meio ambiente, chegou-se a destruir o *habitat* de inúmeros vírus (além do coronavírus) que vimos eclodir nos últimos anos, como os vírus zika, ebola, chikungunya e outros. Sem saber para onde ir, eles saltaram para outros animais, imunes, e deles passaram para nós, que não temos tal imunidade.

David Quammen, um dos maiores especialistas em vírus do mundo – que antes da eclosão da covid-19 alertou chefes de Estado, sem efeito, para um provável ataque de um vírus da linhagem do SARS –, chamou a atenção em um vídeo recente para a possibilidade, caso não mudemos nossa relação destrutiva para com a natureza, da irrupção de um outro vírus ainda mais letal, que poderá destruir parte da biosfera e levar grande parcela da humanidade a um destino dramático.

Consoante à nova cosmologia – visão que estuda o universo do ponto de vista evolucionista –, nós, humanos, formamos uma entidade única com a Terra. Participamos de sua saúde e também de sua doença. Adoecemos junto com ela e, doentes, acabamos também por adoecê-la.

O coronavírus representa agora essa simbiose sinistra e letal, mas, para além dele, devemos entender que a reação da Terra à nossa violência se mostra pela febre (aquecimento global), que não é uma doença, mas um sintoma. A enfermidade real é o alto nível de contaminação de gases do efeito estufa que a Terra não consegue digerir, gerando uma incapacidade de continuar a nos oferecer seus bens e serviços.

Para termos o necessário – e, pior, para mantermos o consumo suntuário e o desperdício dos países ricos –, devemos arrancar à força seus "recursos" para atender à demanda dos consumistas. Mas até quando a Terra aguentará? Há nove fronteiras planetárias que não podem ser rompidas sem ameaçar a vida e nosso projeto civilizatório: integridade da biosfera, mudança climática, novas entidades, esgotamento do ozônio estratosférico, carga de aerossol atmosférico, acidificação do oceano, fluxos bioquímicos, uso de água doce, mudanças no uso da terra. Quatro delas já foram rompidas. A consequência é termos menos água, menos nutrientes, menos safras, mais desertificação, maior erosão da biodiversidade etc.

Portanto, nosso comportamento atual é antivida e a causa principal da doença da Terra, que, por sua vez, nos torna também doentes. Começamos só agora a nos dar conta de que, ao cuidarmos melhor de tudo, recuperarmos a vitalidade dos ecossistemas, melhorarmos nossos alimentos, produzirmos orgânicos, despoluirmos o ar e preservarmos as águas e as florestas, nos sentimos mais saudáveis e, com isso, também tornamos a Terra mais saudável e revitalizada.

16

A vida em sua diversidade como culminância da evolução

Na compreensão dos grandes cosmólogos que estudam o processo da cosmogênese e da biogênese, a culminância desse processo não se realiza no ser humano. Ou seja, a grande emergência não é o homem, mas a *vida* em sua imensa diversidade e aquilo que lhe pertence essencialmente, que é o *cuidado*. Sem o cuidado necessário, nenhuma forma de vida subsistirá.[44]

Os biólogos descrevem as condições dentro das quais a vida surgiu como uma situação de caos em que, a partir de um alto grau de complexidade, essa complexidade saiu de seu equilíbrio. Como se vê, o caos não é apenas destrutivo. É também generativo. Gera novas ordens e várias outras complexidades, entre elas, a vida humana.

Somente 5% da vida é visível; os 95% restantes são invisíveis, compondo o universo dos micro-organismos (bactérias, fungos e vírus) que operam no solo e no subsolo, garantindo as condições de emergência e manutenção da vida em sua incomensurável diversidade. A vida é entendida, assim, como auto-organização da matéria em altíssimo grau de interação com o universo, com a teia incomensurável de relações de todos com todos e com tudo o mais que está emergindo em todas as partes do universo.

Apesar dessa descrição, os cientistas não sabem definir o que é, de fato, a vida. Cosmólogos e biólogos têm sustentado: a vida comparece como a suprema expressão da "Fonte Originária de Todo Ser" ou "aquele Ser que faz ser todos os seres", o que, defendo, tem um nome mais adequado: Deus.

Christian de Duve, o já citado Prêmio Nobel de Biologia, chega a afirmar que em qualquer lugar do universo, quando ocorre tal nível de complexidade, a vida emerge como *imperativo cósmico*.[45] Nesse sentido, o universo estaria repleto de vida não somente na Terra. Já Max Planck reconhecia que definir a vida é tentar definir a nós mesmos, realidade que, em último termo, desconhecemos.

Seja como for, o que podemos afirmar seguramente é que a vida humana é um subcapítulo do capítulo da vida. É imperioso enfatizar: a culminância do processo cosmogênico não gera o antropocentrismo, como se o ser humano fosse o centro de tudo e os demais seres só ganhassem significado quando ordenados a ele e ao seu uso e desfrute. O maior evento da evolução é, em si, a irrupção da vida: ela organizou a infraestrutura físico-química e ecológica da evolução que permite a imensa diversidade de vidas.

Brian Swimme, um conhecido cosmólogo da Califórnia, afirma em seu livro *The Universe Story:*[46] "Somos incapazes de nos libertar da convicção de que, como humanos, nós somos a glória e a coroa da comunidade terrestre e perceber que somos, isso sim, o componente mais destrutivo e perigoso dessa comunidade". Essa constatação aponta para a atual crise ecológica generalizada, que afeta o planeta inteiro.

A vida mostra uma unidade sagrada na diversidade de suas manifestações, pois todos os seres vivos carregam o mesmo código genético de base que são os vinte aminoácidos e as quatro bases nitrogenadas, o que nos torna a todos parentes, como tem defendido o Papa Francisco. O humano é a expressão mais alta e complexa da vida, dotada de consciência, capaz de captar o todo, sem deixar de sentir-se parte dele, mas continua a ser Terra.[47] Não estamos fora e acima dos outros seres da natureza, mas no meio e junto deles, quais irmãos e irmãs constituindo a grande comunidade da vida.

Nós, humanos, emergimos como a porção de Gaia, que no momento mais avançado de sua evolução, complexificação e autocriação começou a sentir, a pensar, a amar, a falar e a venerar. O ser humano, homem e mulher, irrompeu no processo evolucionário quando estava 99,9%

pronto. Se agora temos algum tipo de centralidade, ela está implicada em concretamente assegurar os meios de vida para todos os organismos vivos e, no caso dos seres humanos, garantir alimentação, saúde, trabalho, moradia, segurança, educação e lazer. Se oferecêssemos para toda a humanidade os avanços da tecnociência já alcançados, todos poderiam gozar dos serviços com a qualidade à qual hoje somente setores privilegiados e opulentos têm acesso.

Em seu preâmbulo, a Carta da Terra afirma que "temos um espírito de parentesco com toda a vida",[48] e o Papa Francisco é ainda mais enfático na Laudato Si':[49] "Caminhamos juntos como irmãos e irmãs numa peregrinação maravilhosa, entrelaçados pelo amor que Deus tem a cada uma das suas criaturas e que nos une também, com terna afeição, ao irmão sol, à irmã lua, ao irmão rio e à Mãe Terra". Todos os seres – no caso, os animais –, na medida em que são nossos primos e irmãos e têm seu nível de sensibilidade e de inteligência, são portadores de dignidade e de direitos, tais quais os humanos.

Adverte-nos ainda a Carta da Terra ser imperativo "proteger animais selvagens de métodos de caça, armadilhas e pesca que causem sofrimento extremo, prolongado e evitável". E isso nos faz lembrar as palavras do cacique norte-americano Seattle: "O que é o homem sem os animais? Se todos os animais acabassem, o homem morreria de uma grande solidão de espírito. Porque tudo quanto acontece aos animais, logo acontece ao homem. Tudo está relacionado entre si".[50]

17

Francisco de Assis, ícone ecológico de uma fraternidade universal

Devemos urgentemente voltar a sentirmo-nos parte da natureza, e não seus donos. Para isso, precisamos de figuras exemplares que nos mostrem que outra relação amigável e não destrutiva para com a Mãe Terra e para com a natureza não só é possível, como é a única que se revela benéfica para ambas as partes do contrato natural que devemos refazer.

No Ocidente, devemos buscar essa inspiração em um cristão de excepcional qualidade humana e espiritual que viveu uma profunda fraternidade universal com todos os seres da natureza: Francisco de Assis (1182-1226).

Em sua encíclica Laudato Si', o Papa apresenta São Francisco como "o exemplo por excelência pelo cuidado pelo que é frágil e por uma ecologia integral, vivida com alegria e autenticidade. É o santo padroeiro de todos os que estudam e trabalham no campo da ecologia, amado também por muitos que não são cristãos". Diz mais: "para ele, qualquer criatura era uma irmã, unida a ele por laços de carinho. Por isso, sentia-se chamado a cuidar de tudo o que existe. [...] Francisco pedia que, no convento, se deixasse sempre uma parte do horto por cultivar para aí crescerem as ervas silvestres".[51]

O historiador Lynn White Jr., em seu rumoroso artigo "Raízes históricas de nossa crise ecológica",[52] publicado em 1967, acusava o judaico-cristianismo, por causa de seu visceral antropocentrismo, de ser o principal fator da crise ecológica, que nos dias atuais se transformou num clamor. Por outro lado, White reconhecia que esse mesmo cristianismo tinha um antídoto na mística cósmica de São Francisco de Assis. Para reforçar a ideia, sugeria que o santo fosse proclamado "patrono dos ecologistas", coisa que o Papa João Paulo II fez anos depois, em 29 de novembro de 1979.

Efetivamente, todos os biógrafos e fontes referentes a São Francisco de Assis, como Tomás de Celano, São Boaventura e a Legenda Perusina, atestam "a amigável união que Francisco estabelecia com todas as criaturas; enchia-se de inefável gozo todas as vezes que olhava o sol, contemplava a lua e dirigia seu olhar para as estrelas e para o firmamento".

São Francisco de Assis dava o doce nome de irmãos e irmãs a cada uma das criaturas: às aves do céu, às flores do campo e até ao feroz lobo de Gubbio, que aterrorizava a cidade homônima no atual território da Itália. O santo também constituía fraternidade com os mais discriminados, como com as pessoas com hanseníase. Em suma, com todas as pessoas, independentemente de seus credos, como com o muçulmano sultão Melek el Kamel no Egito, com quem teve longos diálogos e admiração mútua.

No homem de Assis tudo vem cercado de cuidado, simpatia e enternecimento. O filósofo Max Scheler, em seu conhecido estudo "A essência e as formas da simpatia" (1926), dedica-lhe brilhantes e profundas páginas. Assevera que "nunca na história do Ocidente emergiu uma figura com tais forças de simpatia e de emoção universal como encontramos em São Francisco. Nunca mais se pôde conservar a unidade e a inteireza de todos os elementos como em São Francisco, no âmbito da religião, da erótica, da atuação social, da arte e do conhecimento". Talvez seja por essas qualidades que Dante Alighieri o chamou de "sol de Assis".[53]

O filósofo e teólogo francês Éloi Leclerc, sobrevivente dos campos de extermínio nazista, mostrou que para São Francisco de Assis os elementos exteriores – como o sol, a terra, o fogo, a água, o vento e outros – não eram apenas realidades objetivas, mas realidades simbólicas, emocionais, verdadeiros arquétipos que dinamizam a psique no sentido de uma síntese entre o exterior e o interior e de uma experiência de unidade com o Todo. É a expressão de uma ecologia integral, tão cara ao Papa Francisco.

Esses sentimentos, nascidos da razão sensível e da inteligência cordial, são urgentes hoje se quisermos refazer a aliança de sinergia e de benevolência para com a Terra e com seus ecossistemas.

Acertadamente ponderou o grande historiador inglês Arnold Toynbee: "Para manter a biosfera habitável por mais dois mil anos, nós e nossos descendentes teremos de esquecer o exemplo de Pedro Bernardone (pai de São Francisco), grande empresário de tecidos do século XIII, e seu bem-estar material e começar a seguir o modelo de seu filho, Francisco, o maior entre todos os homens que já viveram no Ocidente. O exemplo dado por São Francisco é que nós, os ocidentais, deveríamos imitá-lo de todo o coração".

Hoje, São Francisco se tornou o irmão universal que se situa para além das confissões e das culturas. A humanidade pode se orgulhar de ter gerado um filho com tal amor, com tanta ternura e com tão grande cuidado para com todos os seres, por menores que parecessem.

São Francisco é uma referência espontânea de uma atitude ecológica que confraterniza com todos os seres, convive terna e fraternalmente com eles, protege-os contra ameaças e cuida deles como a irmãos e irmãs. Ele soube descobrir Deus nas coisas. Acolheu com jovialidade as doenças e as contradições da vida. Chegou a chamar de irmã a própria morte.

Ele estabeleceu uma aliança com as raízes mais profundas da Terra e com grande humildade se unia a todos os seres para cantar louvores, junto com eles, e não apenas através deles – como diz em seu Cântico do Irmão Sol –, à beleza e à integridade da criação.

Como arquétipo, Francisco penetrou no inconsciente coletivo da humanidade, no Ocidente e no Oriente, e de lá anima as energias benfazejas que se abrem à relação amorosa com todas as criaturas, como se estivéssemos ainda no paraíso terrenal.[54]

São Francisco e seu homônimo, o Papa Francisco, nos mostram que não somos condenados a sermos o agressor pertinaz da natureza, mas o anjo bom que protege a Terra, cuida dela e a transforma numa Casa Comum de todos. Eles suscitam em nós a saudade de uma integração com o Todo, pois perdemos a matriz relacional entre todos os seres da natureza.

Com eles, nos convencemos de que, por todos os lados, há ainda sinais do paraíso terrenal que nunca se perdeu totalmente. Acredito que podemos, com o espírito de São Francisco e das encíclicas ecológicas do Papa Francisco, irmãos universais, recriar esse paraíso dentro de nosso interior e irradiá-lo para o exterior.

TERCEIRA PARTE

A VIDA DO ESPÍRITO

18

A redescoberta da centralidade da vida

Já me referi largamente à crença e aos mantras do capitalismo e do neoliberalismo, mas é preciso enfatizar uma vez mais: a covid-19 caiu como um meteoro rasante sobre esse sistema. Seus mantras foram destroçados. O lema de Wall Street, *greed is good* (a cobiça é boa), serviu para alguma coisa? Ninguém come computadores, nem se alimenta dos algoritmos da inteligência artificial.

O que conta não é o lucro, mas a vida; não é a concorrência, mas a solidariedade; não é o individualismo, mas a cooperação entre todos; não é o assalto aos bens e serviços da natureza, mas o seu cuidado e proteção; não é um estado mínimo, mas o estado suficientemente apetrechado para atender às demandas urgentes da população.

Necessário se faz aqui lembrar o "princípio esperança", que é mais que uma virtude, mas um princípio, motor interior, que projeta sonhos e visões novas, tão bem formulado pelo filósofo alemão Ernst Bloch em seu livro *O princípio esperança*.[55] Essa esperança nos resgatará um sentido de viver neste pequeno e amado planeta Terra.

Apesar de sermos seres contraditórios feitos simultaneamente de luz e de sombras, cremos que a luz triunfará. Atestam-nos tantos bioantropólogos e neurocientistas: somos por essência seres de cooperação. Vigora uma bondade fundamental na vida, pois ela reflete a bondade e o amor do Criador.

Isso, porém, não deve desviar nosso olhar do que está ocorrendo no cenário mundial e especificamente no brasileiro, cujo ex-chefe de Estado negacionista não teve como projeto cuidar de seu povo e de nossa luxuriante natureza, mas sim deixar a população à própria sorte, fazendo da natureza um grande balcão de negócios para os capitais nacionais e internacionais, destruindo sua biodiversidade, envenenando seus solos e desregulando o regime das chuvas e dos climas em geral.

Ainda assim, mesmo que os mandatários e o sistema neoliberal pouco façam pela Mãe Terra, o homem comum, que compõe a grande maioria, levanta-se, perde precioso tempo da vida nos ônibus, vai ao trabalho, não raro penoso e mal remunerado, luta pela família, preocupa-se com a educação de seus filhos, sonha com um país melhor. Surpreendentemente, ele é capaz de gestos generosos, auxiliando um vizinho mais pobre e, em casos extremos, arriscando a vida para salvar uma inocente menina ameaçada de estupro. Nesse homem comum age o princípio esperança.

Nesse contexto, não me furto de citar os sentimentos de um de nossos maiores escritores modernos, Erico Verissimo, em seu famoso *Olhai os lírios do campo*: "Se naquele instante caísse na terra um habitante de Marte, havia de ficar embasbacado ao verificar que num dia tão maravilhosamente belo e macio, de sol tão dourado, os homens em sua maioria estavam metidos em escritórios, oficinas, fábricas... E se perguntasse a qualquer um deles: 'Homem, por que trabalhas com tanta fúria durante todas as horas de sol?' – ouviria esta resposta singular: 'Para ganhar a vida'. E, no entanto, a vida ali estava a se oferecer toda, numa gratuidade milagrosa. Os homens viviam tão ofuscados por desejos ambiciosos que nem sequer davam por ela. Nem com todas as conquistas da inteligência tinham descoberto um meio de trabalhar menos e viver mais. Agitavam-se na terra e não se conheciam uns aos outros, não se amavam como deviam. A competição os transformava em inimigos. E havia muitos séculos, tinham crucificado um profeta que se esforçara por lhes mostrar que eles eram irmãos, apenas, sempre e simplesmente irmãos".[56]

A intrusão da covid-19 revelou essas virtudes, presentes nos humanos, mas de modo especial nos pobres e nas periferias, pois nas cidades impera a cultura do capital com seu individualismo e falta de sensibilidade diante da dor e do sofrimento da grande maioria da população. E o que se esconde atrás desses gestos cotidianos de solidariedade? Esconde-se o princípio esperança e a confiança de que, apesar de tudo, vale a pena viver, porque a vida, em sua profundidade, é boa e foi feita para ser levada com coragem – que produz autoestima e sentido de valor.

Há aqui uma sacralidade que não vem sob o signo religioso, mas sob a perspectiva do ético, do viver corretamente e do fazer o que deve ser feito.

O renomado sociólogo austro-estadunidense Peter Berger escreveu o brilhante livro *Rumor de anjos*,[57] em que relativiza a tese de Max Weber a respeito da total secularização da vida moderna. Nele, descreve inúmeros sinais – os quais chama de "rumor de anjos" – que mostram o sagrado da vida e o sentido secreto que ela sempre guarda, a despeito de todo caos e dos contrassensos históricos. Os seres humanos sempre despertam por essa excelência que lhes confere sentido e alegria de viver.

Aduzo, na esteira de Peter Berger, apenas um exemplo banal, entendido por todas as mães que acalentam suas crianças. Numa situação hipotética, uma criança acorda sobressaltada no meio da noite. Tem um pesadelo, percebe a escuridão, sente-se só e é tomada pelo medo. Grita pela mãe. Esta se levanta, toma a criancinha no colo e, no gesto primordial da *magna mater*, cerca-a de carinho e de beijos, fala-lhe coisas doces e sussurra: "Filhinha, não tenha medo; sua mãe está aqui. Está tudo bem e tudo está em ordem, querida".

A criança deixa de soluçar. Reconquista a confiança e adormece, serenada e reconciliada com a escuridão. Essa cena tão comum esconde algo radical que se manifesta na pergunta: será que a mãe não está enganando a criança? O mundo não está em ordem, nem tudo está bem. Contudo, a mãe não está enganando sua filhinha. Seu gesto e suas palavras revelam que, não obstante a desordem reinante, ainda impera uma ordem profunda e secreta.

Assim, esperamos – e como esperamos! – que, por debaixo dos tempos de covid-19, e dentro deles, esteja se fortalecendo uma ordem abscôndita que, quando tudo passar, irromperá: a sociedade e a humanidade inteira, então, poderão caminhar rumo a um sentido maior, cujo desenho final nos escapa. Mas intuímos, desde sempre, que ele existe e que será bom. A ele caberá escrever a última página com um *happy end*. Como escreveu Ernst Bloch, verificaremos que o verdadeiro gênesis não estava no começo das coisas, mas no seu fim.

19

Uma espiritualidade ecológica regida pela vida do espírito

No começo dos anos 2000, nos encontros para a elaboração da Carta da Terra, ouvimos da boca de Mikhail Gorbachev, exatamente dele, considerado ateu por ser comunista e ex-chefe de Estado da extinta União Soviética: "Ou vamos desenvolver uma espiritualidade com novos valores, centrados na vida e na cooperação, ou não haverá solução para a vida na Terra".

A pandemia de coronavírus serve de conclamação para uma espiritualidade ecológica salvadora da qual falou Gorbachev. Como diz a Carta da Terra: "Como nunca antes na história, o destino comum nos conclama a buscar um novo começo. [...] Isso requer uma mudança na mente e no coração. Requer um novo sentido de interdependência global e de responsabilidade universal.

Devemos desenvolver e aplicar com imaginação a visão de um modo de vida sustentável nos níveis local, nacional, regional e global".[58]

Vivemos uma emergência ecológica planetária e, corroborando a Carta da Terra, acertadamente nos alertou também a Laudato Si' do Papa Francisco: "As previsões catastróficas já não se podem olhar com desprezo e ironia. [...] O ritmo de consumo, desperdício e alteração do ambiente superou de tal maneira as possibilidades do planeta, que o estilo de vida actual – por ser insustentável – só pode desembocar em catástrofes".[59]

As advertências reforçam a urgência de uma espiritualidade da Terra que se revele num modo de ser não utilitarista, mas respeitoso de todos os seres que existem neste planeta. A espiritualidade emerge em nós não quando pensamos as coisas, mas quando as sentimos, quando nos damos conta de que todos somos interdependentes e de que uma teia de relações nos envolve, de forma que um ajuda o outro a existir e a se reproduzir.

Espiritualidade implica intuir que, por detrás de todas as coisas e do universo inteiro, há uma energia poderosa e amorosa que tudo faz existir e sustentar na existência. É a percepção do mistério do mundo que tanto fascinava Einstein e outros grandes cosmólogos, astrofísicos e, como vimos, os próprios astronautas. É poder se abrir a esse mistério, sentir-se envolto por ele, isto é, vivenciar uma experiência espiritual, no nosso caso, diante da grandeza e da majestade da criação e do universo.

Só a espiritualidade pode lançar suas raízes na razão cordial e sensível: dela nos vêm a paixão pelo cuidado e um compromisso sério de amor, de responsabilidade e de compaixão para com a Casa Comum. Bem o expressou Francisco, no final da encíclica Laudato Si': "alimentar uma paixão pelo cuidado do mundo. Com efeito, não é possível empenhar-se em coisas grandes apenas com doutrinas, sem uma mística que nos anima, sem 'uma moção interior que impele, motiva, encoraja e dá sentido à acção pessoal e comunitária'".[60]

O conhecido e sempre apreciado escritor francês Antoine de Saint-Exupéry, num texto publicado postumamente, "Carta ao General 'X'", afirma com grande ênfase: "Não há senão um problema, somente um: redescobrir que há uma vida do espírito que é ainda mais alta que a vida da inteligência, a única que pode satisfazer o ser humano". E conclui: "Como temos necessidade de um Deus".

Sabemos cuidar da vida do corpo – hoje, verdadeiramente cultuado com tantas academias de ginástica. Psicanalistas de várias vertentes nos ajudam a cuidar da vida da psique, para levarmos uma vida com relativo equilíbrio, sem neuroses e depressões. Contudo, na nossa cultura praticamente nos esquecemos de cultivar a vida do espírito, a única que confere plenitude ao ser humano. Ela representa um belo sinônimo de espiritualidade, não raro identificada ou confundida com religiosidade. A vida do espírito é mais, é um dado originário de nossa dimensão profunda, um dado antropológico, como a inteligência e a vontade, algo que pertence à nossa essência.

A vida do espírito está na base do nascimento de todas as religiões e caminhos espirituais. Ela é nossa dimensão radical, na qual se albergam as grandes perguntas, se aninham os sonhos mais ousados e se elaboram as utopias mais generosas. A vida do espírito se alimenta de bens não tangíveis como o amor, a amizade, a convivência amiga com os outros, a compaixão, o cuidado e a abertura ao infinito. Sem a vida do espírito, divagamos por aí sem um sentido que nos oriente e que torne a vida apetecida e agradecida.

Uma ética da Terra que nos faça mudar de paradigma e, enfim, ouvir os apelos da natureza não se sustenta sozinha por muito tempo sem esse complemento para a alma que é a vida do espírito. Só ela nos faz sentir parte da Mãe Terra a quem devemos amar e cuidar. Daí a conclamação de todos os caminhos espirituais, de todos os saberes, sejam populares, sejam científicos, a darem sua colaboração para a salvaguarda da vida e de tudo o que foi criado. Ninguém, nenhum país, nenhuma empresa, deve ser dispensado de assumir uma responsabilidade coletiva.

A fraternidade sem fronteiras e o amor social são fundamentais se quisermos reinventar uma forma amigável, reverente e cuidadosa de nos relacionarmos com a Terra e a natureza. Daí nascerá uma civilização biocentrada, como afirma a Fratelli Tutti, fundada numa "política da ternura e da gentileza", na interdependência entre todos, na solidariedade, na cooperação e no cuidado para com tudo o que existe e vive, especialmente os mais desprotegidos.

No texto "É preciso dar um sentido à vida", escrito durante a Guerra Civil Espanhola, Saint-Exupéry diz: "O ser humano não se realiza senão junto com outros seres humanos, no amor e na amizade; no entanto, os seres humanos não se unem apenas se aproximando uns dos outros, mas se fundindo na mesma divindade. Num mundo feito deserto, temos sede de encontrar companheiros com os quais codividimos o pão".

20

A crucificação de vidas de ontem continua hoje

A maior parte da humanidade vive crucificada pela miséria, pela fome, pela escassez de água potável e pelo desemprego. Crucificada está também a natureza, devastada pela cobiça que se recusa a aceitar limites. Crucificada está a Mãe Terra, exaurida a ponto de ter perdido seu equilíbrio interno, o que se mostra pelos distúrbios climáticos.

Um olhar espiritual e cristão vê o próprio Cristo presente em todos esses crucificados. Pelo fato de ter assumido totalmente nossa realidade humana e cósmica, ele sofre com todos os sofredores. A floresta que é derrubada pela motosserra significa golpes em seu corpo. Nos ecossistemas dizimados e nas águas poluídas, ele continua sangrando.

A encarnação do filho de Deus estabeleceu uma misteriosa solidariedade de vida e de destino para com nossa inteira humanidade, a natureza e tudo o que ela pressupõe em sua base físico-química e ecológica.

Jesus morreu não porque todos nós morremos. Ele morreu assassinado sob a forma mais humilhante da época: a pregação na cruz. Na compreensão judaica, ser crucificado, e ainda fora da cidade, significava ser maldito por Deus e ser expulso da aliança sagrada. Era a suprema humilhação. Jesus assumiu-a em solidariedade para com aqueles que sofrem destino semelhante. Pendendo entre o céu e a terra, durante três horas agonizou na cruz.

A recusa humana pôde decretar a crucificação de Jesus, mas não pôde definir o sentido que ele conferiu à crucificação imposta. O crucificado definiu o sentido de sua crucificação como solidariedade para com todos os crucificados da história que, como ele, foram e serão vítimas da violência, das relações sociais injustas, do ódio, da humilhação dos pequenos e do rechaço à proposta de um reino de justiça, de irmandade, de compaixão e de amor incondicional.

Apesar de sua entrega solidária aos outros e a seu pai, uma terrível e última tentação invadiu seu espírito. O grande embate de Jesus enquanto agonizava foi com seu pai. O Evangelho mais antigo, o de São Marcos, narra com palavras terríveis a morte de Jesus. Abandonado por todos, no alto da cruz, ele se sente também abandonado pelo pai de bondade e de misericórdia.

O pai que ele experimentou com profunda intimidade filial, o pai que ele havia anunciado como "paizinho" (*abba*) misericordioso e cheio de bondade, o pai com traços de mãe carinhosa, o pai cujo reino ele proclamou e antecipou em sua práxis libertadora, esse pai parecia tê-lo abandonado. Jesus passou pelo inferno da ausência de Deus, expressando assim sua solidariedade para com todos que também se sentem abandonados e vivem a morte de Deus; ele quis ir até esse fundo sem fundo.

E à hora nona, Jesus bradou em alta voz: "Elói, Elói, lammá sabactáni?", que quer dizer: "Meu Deus, meu Deus, por que me abandonaste?" (Mc 15,34). Do vazio mais abissal do espírito de Jesus, irrompem interrogações aterradoras que configuram a mais apavorante tentação sofrida pelos seres humanos: a tentação do desespero. Ele se interroga: "Será que não foi absurda a minha fidelidade? Sem sentido a luta sustentada por causa dos oprimidos e por Deus? Não teriam sido vãos os riscos que corri, as perseguições que suportei, o aviltante processo jurídico-religioso a que fui submetido com a sentença capital: a crucificação que estou sofrendo com toda a vergonha aí implicada?".

Jesus encontrou-se nu, impotente, totalmente vazio diante de um Deus-pai que se cala e, com isso, revela todo o seu mistério. Jesus não tem mais ninguém. Pelos critérios humanos, ele fracassou completamente. A própria certeza interior se lhe esvaía. Apesar de o sol ter se dissipado de seu horizonte, Jesus continuou a confiar em Deus. Por isso, gritou com voz forte mais uma vez: "*Meu* Deus, *meu* Deus!".

No auge do desespero, Jesus se entrega ao mistério verdadeiramente sem nome. Ele lhe será a única esperança para além de qualquer desesperança humana. Não possui mais nenhum apoio em si mesmo, somente em Deus – que se escondeu. A absoluta esperança de Jesus só é compreensível no pressuposto de seu absoluto desespero. Contudo, onde abundou a desesperança, superabundou a esperança.

A grandeza de Jesus consistiu em suportar e vencer essa assustadora tentação. Essa tentação lhe propiciou uma entrega total a Deus, uma solidariedade irrestrita para com seus irmãos e irmãs também desesperados e crucificados ao longo da história, um total desnudamento de si mesmo, uma absoluta descentração de si em função dos outros. Só assim a morte é verdadeiramente real e completa: a entrega sem resíduos a Deus e aos seus filhos e filhas sofredores, seus irmãos e irmãs menores.

As últimas palavras de Jesus mostram essa sua entrega não resignada e fatal, mas livre: "Pai, nas tuas mãos entrego o meu espírito" (Lc 23,46). "Tudo está consumado" (Jo 19,30). A sexta-feira santa continua, mas não é o último capítulo da história. A ressurreição, como irrupção do ser novo, é a grande resposta do pai e a promessa para todos nós. Ele é o primeiro entre muitos irmãos e irmãs.

A ressurreição representa inicialmente uma insurreição contra a justiça político-religiosa que condenou um justo, enviado pelo pai para mostrar a absoluta proximidade de Deus para com todos, especialmente para com aqueles que se consideravam ou eram considerados perdidos. Por meio de seu filho Jesus, Deus quis estar próximo a todos.

Mas a ressurreição representa algo mais: não equivale à reanimação de um cadáver, como ocorreu com Lázaro, que, no final, acabou morrendo. A ressurreição comparece como aquele momento em que o ser humano vê realizadas todas as virtualidades escondidas nele, até aquela de unir-se à realidade divina. É o ser humano, chegado ao termo do processo da evolução, acabado de nascer plenamente – já que vinha nascendo lentamente por milhões de anos, ascendendo no processo da evolução. Finalmente irrompeu para dentro de Deus – ou Deus o assumiu totalmente para dentro de si.

Jesus é o primeiro entre muitos irmãos e irmãs. Mostrou para todos o nosso destino final, bom, feliz, redimido e humanamente plenificado. Nunca mais a cruz, nunca mais o grito de desespero, mas a plena comunhão com o Deus-comunhão. Ali começou a verdadeira história dos humanos com Deus e de Deus com os humanos.

21

A ressurreição como insurreição: o verdugo não triunfa sobre a vítima

O que sustenta o cristianismo, nas suas várias expressões históricas em diferentes igrejas, não é a referência a um grande profeta ou sábio, nem a cruz imposta injustamente a alguém que passou pelo mundo somente fazendo o bem, nem o seu sangue derramado. Tudo isso possui o seu valor, mas o ponto decisivo é a ressurreição do crucificado.

O já citado Pierre Teilhard de Chardin, um dos primeiros que articularam a fé cristã com a visão evolucionista do mundo, diz que a ressurreição tem um extraordinário significado universal que vai além da própria fé cristã. Ela representaria uma *revolução dentro da evolução*. Em outras palavras, significa uma antecipação do fim bom de toda a criação e a realização de todas as virtualidades escondidas dentro do ser humano, que, prisioneiro do espaço-tempo, não as consegue deixar irromper.

O ser humano é um ser que ainda está nascendo. Eis que chega um momento, dentro do processo cosmogênico em curso, em que se dá essa oportunidade de acabar de nascer. Então implode e explode o *homo revelatus*, o ser humano totalmente revelado e realizado, em sua plena hominização. É a antecipação da esperança radical de que é a vida em plenitude, e não a morte, que escreve a última página da história.

A ressurreição é, para os portadores da fé cristã, a realização na pessoa de Jesus do que ele anunciava: o reino de Deus. Este significa uma revolução absoluta de todas as relações, inclusive cósmicas, inaugurando o novo no mundo. Essa revolução implica a superação da morte e o triunfo definitivo da vida, não de qualquer tipo de vida, mas de uma vida totalmente plenificada. Enfim, o "o segundo Adão" (1Cor 15,45) acabava de irromper dentro da história.

São Paulo, inesperadamente, teve uma experiência do ressuscitado, quando estava a caminho de Damasco para perseguir e prender cristãos. À luz dessa experiência, zomba da morte e exclama: "Onde está, ó morte, a tua vitória? Onde está, ó morte, o teu aguilhão? Ora, o aguilhão da morte é o pecado, e a força do pecado é a Lei. Graças, porém, sejam dadas a Deus, que nos dá a vitória por nosso Senhor Jesus Cristo!" (1Cor 15,55-57).

O cristianismo vive e sobrevive por causa da fé na ressurreição do crucificado, e não pela crença na imortalidade da alma, tema que não é cristão, mas platônico. Aqui tudo se decide, a ponto de Paulo, na sua Primeira Carta aos Coríntios, afirmar com todas as palavras: "Se Cristo não ressuscitou, é vã a nossa pregação, e também é vã a nossa fé. Além disso, seríamos convencidos de ser falsas testemunhas de Deus [...] Se é só para esta vida que temos colocado a nossa esperança em Cristo, somos, de todos os homens, os mais dignos de lástima" (1Cor 15,14, 15 e 19).

A explosão de luz se transforma em explosão de alegria. Contra a experiência diuturna da mortalidade, especialmente sob a ação letal da covid-19, podemos manter a fé e a esperança de que os que foram ceifados vivem ressuscitados. Cristo, nosso irmão, é o primeiro ressuscitado entre os irmãos e as irmãs (1Cor 15,20). Nós participamos de sua ressurreição, pois o que ocorre em sua humanidade afeta a humanidade que está também em nós. Então, podemos dizer: não vivemos para morrer; morremos para ressuscitar.

Os mortos dos quais nem mesmo pudemos nos despedir durante a fase mais dura da pandemia, prestar-lhes a última homenagem e oferecer-lhes o velório são apenas invisíveis. Eles, ressuscitados, não são ausentes, mas bem presentes. Isso pode enxugar nossas lágrimas e dar sossego aos corações.

Por outro lado, como vimos, a ressurreição representa uma *insurreição* contra a justiça dos homens, judeus e romanos, pela qual condenaram Jesus ao suplício vergonhoso da cruz. Essa justiça estabelecida e legal foi refutada. Com a ressurreição de Jesus, triunfou a justiça do oprimido e do injustiçado, venceu o direito do pobre.

Cabe recordar: quem ressuscitou não foi um imperador com todo o seu poder político e militar, não foi um sumo sacerdote no alto de sua santidade, nem um sábio com a irradiação de sua sabedoria. Foi um crucificado, um assassinado, morto fora dos muros da cidade, o que significava a maldição divina e, por isso, uma suprema humilhação.

A ressurreição define o sentido de nossa esperança: por que morremos se ansiamos viver sempre? Que sentido tem a morte daqueles que sucumbiram na luta pela justiça dos humilhados e ofendidos? Quem dará sentido ao sangue dos anônimos, dos camponeses, dos operários, dos indígenas, dos negros, das mulheres e das crianças, derramado pelos poderosos em razão do único crime de reivindicarem seu direito negado?

A ressurreição responde a essas interrogações inarredáveis do coração. Ela garante que o algoz não triunfe sobre a vítima. Significa o resgate da justiça e do direito dos fracos, dos subjugados e desumanizados, como foi o filho de Deus quando passou entre nós. Eles herdam a vida nova.

Como denominar a realidade ressuscitada que chegou à culminância antecipada da evolução? Os autores do Novo Testamento se embaraçam nos termos. Para um evento novo, nova linguagem. A mais pertinente, entre outras, é aquela de São Paulo: "o segundo Adão" ou "corpo espiritual" (1 Cor 15,44). O primeiro Adão traz a morte consigo; o *segundo*, Jesus ressuscitado, a deixou para trás.

A expressão "corpo espiritual" parece contraditória: se é corpo, não pode ser espírito; se é espírito, não pode ser corpo. Mas Paulo une os dois termos com inteligência. É corpo, realidade concreta e não fantasmagórica, mas um corpo com qualidades do espírito.

É próprio do espírito estar para além da matéria. Pelo espírito habitamos as estrelas mais distantes e tocamos a realidade divina. O espírito possui uma dimensão transcendental e cósmica. A ressurreição permite participar dessa dimensão. Não sem razão, Paulo elabora em suas epístolas toda uma cristologia cósmica: o ressuscitado enche o universo e nos acompanha nas tarefas mais cotidianas.

Por fim, cabe enfatizar que a ressurreição é um processo. Começou com Jesus e se expande pela humanidade e pela história. Sempre que a justiça triunfa sobre as políticas de dominação, sempre que o amor supera a indiferença, sempre que a solidariedade salva vidas sob risco, como agora, durante a pandemia, ocorre a ressurreição – vale dizer, a inauguração daquilo que tem futuro e será perenizado para sempre.

A quem crê na ressurreição, não é mais permitido viver triste, não obstante a obscuridade da história atual. A sexta-feira santa é uma passagem que culmina na ressurreição; é, mais que o triunfo da vida; comparece como a plena realização da vida em todas as suas virtualidades.

Cristo ressuscitado ganhou dimensões cósmicas. Bem o expressou um dito cristão dos anos 50 após a morte de Cristo: "Rache a lenha e eu estou dentro dela. Levante a pedra e estou debaixo dela. Pois eu estou convosco por todos os séculos". Mesmo nessas tarefas pesadas, Cristo está presente. É Cristo cósmico que, ressuscitado, preenche todos os espaços e está presente em todo o universo e especialmente no ser humano. Tendo assumido nossa humanidade, nunca a abandonou, mas a transfigurou e a elevou à sua plena realização.

22

O espírito de vida se confronta com o espírito de morte

Os negacionistas da gravidade do coronavírus, mesmo assistindo à dizimação de milhares de vidas, fizeram-se perversamente aliados ao vírus, mas são pontos fora da curva cósmica, o lado caótico que não se tornou generativo. São os espíritos de morte, insensíveis e sem nenhuma solidariedade.

A esse espírito de morte, opomos o espírito de vida. Referimo-nos à fonte de toda vida, ao espírito criador, como se expressa na fé de judeus e de cristãos. Reflitamos um pouco sobre a natureza do Espírito Santo e sua relevância para a vida e para o dramático momento atual.

Em primeiro lugar, é o Espírito, como se relata na primeira página do Gênesis, que pairava sobre o caos originário (*touwabou*) e ordenou todos os seres e, por fim, o ser humano, homem (Adão) e mulher (Eva).

Posteriormente, se pensarmos em termos trinitários de pai, filho e Espírito Santo, devemos dizer que ele foi o primeiro a chegar a este mundo e ainda está chegando. Veio e armou sua tenda sobre uma mulher, Maria de Nazaré. Quer dizer, fixou nela sua morada permanente (Lc 1,35) e elevou o feminino à altura do divino.

Dessa presença do Espírito, originou-se a santa humanidade, o filho de Deus. O verbo também armou sua tenda (Jo 1,14) no homem Jesus, gerado por Maria. Num momento da história, ela, a simples mulher de Nazaré, é o templo de Deus vivo. Nela habitam duas forças divinas: o Espírito, que a faz "bendita entre todas as mulheres" (Lc 1,42), e o filho de Deus, crescendo dentro dela, de quem é verdadeiramente mãe.

Depois, o divino desceu sobre Jesus na ocasião do batismo por João Batista, momento em que sentiu verdadeiramente ser o filho do pai, enviado para estabelecer uma grande proximidade com todos os seres humanos, independentemente de sua situação moral. Ele é misericordioso e ama os ingratos e maus (Lc 6,35). Todos buscam a Deus. Eis que é Deus que busca os seres humanos e os quer junto a si como seus filhos e filhas queridos.

Esse mesmo Espírito, que inflamou Jesus para sua missão libertadora, desceu sobre a primeira comunidade reunida em Jerusalém, na festa de Pentecostes (At 2,1-3), fazendo nascer a Igreja. Depois continuou descendo, independentemente de as pessoas serem cristãs e batizadas ou não, como ocorreu com o oficial romano Cornélio, ainda pagão (At 11,12-15).

Em toda a história, o divino sempre chegou antes do missionário, fazendo com que no coração dos povos o amor vigorasse, a justiça fosse cultivada e a compaixão vivida, todos valores do Espírito. Tendo uma vez entrado na história, nunca mais a deixou. Toma o que é de Jesus, passa-o adiante, mas também anuncia "as coisas que virão" (Jo 16,13).

É pelo Espírito que irrompem os profetas, cantam os poetas, criam os artistas e pessoas praticam o bem, o justo e o verdadeiro. É na força secreta do Espírito que pessoas anônimas arriscam suas próprias vidas para salvar vidas ameaçadas. Do Espírito se moldam os santos e santas, especialmente aqueles que entregam a própria vida para a vida dos outros, como os que trabalharam, quase à exaustão, nos hospitais de todo o mundo enfrentando a ação dizimadora da covid-19.

É também pelo Espírito que velhas e crepusculares instituições de repente se renovam e prestam o serviço necessário para as comunidades, como o Papa Francisco está fazendo e também outras igrejas cristãs e líderes espirituais. O mundo está grávido do Espírito mesmo quando o espírito de morte persevera na sua obra, hostil à vida e a tudo o que é sagrado e divino – algo que ocorreu em nosso país, o Brasil, cujo ex-governante, Jair Bolsonaro, é mais amigo da morte do que da vida.

Quem se sente mais penalizado nesse momento, sem casa adequada para morar, sem saber o que vai comer no dia seguinte, sem trabalho e sem nenhuma segurança contra os ataques do vírus letal e das mudanças climáticas, é o pobre. Hoje são milhões. Os pobres gritam. E Deus é o Deus do grito. Quer dizer, aquele que escuta o grito dos oprimidos. Deixa sua transcendência e desce para escutá-los e libertá-los, como no caso do cativeiro no Egito (Ex 3). É o Espírito que nos faz gritar *abba*, paizinho querido (Rm 8,15; Gl 4,6). Por isso, o Espírito é "o pai e o padrinho dos pobres" (*pater pauperum*), como a Igreja canta na sua liturgia.

Com certeza, o divino não faz as coisas miraculosamente, mas confere às pessoas ânimo e resistência, vontade de luta e de conquista. Não deixa que seus braços se abaixem. Deus enviou a luz aos corações dos pobres para descobrirem as iniciativas certas, persistirem e, de fato, chegarem vivos até hoje.

Se os indígenas não foram totalmente exterminados e agora, por incúria das autoridades brasileiras, estão novamente sob grave risco de desaparecer, e se os afrodescendentes não sucumbiram ao horror da escravidão, foi porque dentro deles havia uma energia de resistência e de libertação, o axé divino, aquilo que o hino litúrgico chama de dons e luz dos corações: o Espírito Santo. Pouco importa o nome.

Aos desesperados, ele se mostra como um consolador sem igual. Não os assiste a partir de fora. Foi morar dentro deles como hóspede para auxiliá-los e aconselhá-los, pois essa é sua missão. Nos grandes apertos e crises, ele se anuncia como uma referência de paz, de calma: um refrigério. Assim diz o hino de Pentecostes.

Quantas vezes, nestes tempos sombrios de pandemia, as agruras da vida nos fizeram encher os olhos de lágrimas? Quando perdemos um ente querido sem nos despedir dele e sem viver o luto necessário, ou quando passamos por profundas frustrações, afetivas ou profissionais, parece que caímos num abismo. É nesses momentos que devemos suplicar: "Vem, Espírito, sê nosso conforto; enxuga nossas lágrimas e retém nossos soluços". O Espírito Santo veio uma vez e continua vindo permanentemente, mas, em tempos dramáticos como os nossos, precisamos clamar: "Vem, Espírito Santo, renova a face da Terra e salva o nosso país".

Se o divino não vier, seremos condenados a ver a paisagem descrita pelo profeta Ezequiel (Ez 37): a Terra coberta de cadáveres e ossos por todas as partes. Isso não queremos de jeito nenhum, mas, quando ele vem, os cadáveres se revestem de vida e o deserto se faz um vergel. Os pobres receberão sua justiça, os enfermos restaurarão sua saúde e os pecadores, que somos todos nós, receberão o perdão e a graça.

Um dito imemorial dizia com acerto para mostrar a permanente presença do Espírito no mundo e nas pessoas: "O Espírito dorme na pedra, sonha na flor, acorda no animal e sabe que está acordado no ser humano".

Quer dizer, ele sempre está em ação no mundo, produzindo movimento e, mais que tudo, vida e vida em abundância. Aos falsos profetas da morte que estão por todo o mundo, mentindo, difamando e criando *fake news*, apresentamos o Espírito de vida. Ele garantirá que a vida seja a grande palavra escrita no livro do universo.

23

A atualidade da mais sagrada das virtudes: a compaixão

O maior teólogo cristão, Tomás de Aquino, assinala em sua *Suma teológica* que a compaixão é a mais elevada de todas as virtudes, pois não somente abre a pessoa para a outra pessoa, mas também a abre para a mais fraca e necessitada de ajuda. Nesse sentido, concluía, é uma característica essencial de Deus. Referimo-nos ao *princípio* compaixão, e não simplesmente à compaixão. O princípio, em sentido mais profundo (filosófico), significa uma disposição originária e essencial, geradora de uma atitude permanente que se traduz em atos, mas nunca se esgota neles. Em outras palavras, o princípio tem a ver com algo pertencente à natureza humana. Porque é assim, como disse o economista e filósofo inglês Adam Smith (1723-1790) em seu livro *Teoria dos sentimentos morais*:⁶¹ até a pessoa mais brutal e anticomunitária não está imune à força da compaixão.

A reflexão moderna nos ajudou a resgatar o princípio compaixão. Foi ficando cada vez mais claro para o pensamento crítico que o ser humano não se estrutura somente sobre a razão intelectual-analítica, necessária para darmos conta da complexidade de nosso mundo. Vigora em nós algo mais profundo e ancestral, surgido há mais de duzentos milhões de anos, quando irromperam na evolução os mamíferos: o cérebro límbico, sede da razão sensível e cordial, que significa a capacidade de sentir, de afetar e ser afetado, de ter empatia, sensibilidade e amor.

Somos seres racionais, mas essencialmente sensíveis. Na verdade, construímos o mundo a partir de laços afetivos. Tais laços fazem com que as pessoas e as situações sejam preciosas e portadoras de valor. Não habitamos o mundo apenas pelo trabalho, mas pela empatia, pelo cuidado e pela amorosidade. Tudo isso é expressão da compaixão.

A tradição judaico-cristã testemunha a grandeza da compaixão. Em hebraico, *rahamim*, que significa "ter entranhas", sentir o outro com profundo sentimento interior. Mais que sentir, identificar-se com o outro. O Deus de Jesus e o próprio Jesus mostram-se especialmente misericordiosos, como se revela nas parábolas do bom samaritano (Lc 10,30-37) e do filho pródigo (Lc 15,11-32). Curiosamente, nessa última parábola, a virada se dá não no filho pródigo que retorna, mas no pai que se volta para o filho pródigo.

São Francisco se compadecia especialmente dos hansenianos e até da minhoca que não conseguia fazer um buraco no solo duro do caminho. Esta, ele tirava do chão, compassivo, e a levava para um lugar úmido. Tinha compaixão também pelo galhinho quebrado, que enfaixava para que voltasse a viver.

Quem trabalhou melhor que nós, ocidentais, no sentido de refletir sobre a compaixão foi o budismo. A compaixão (*karuná*) se articula em dois movimentos distintos e complementares: o desapego total e o cuidado essencial. Desapegar-se significa deixar o outro ser, não o enquadrar, respeitar sua vida e seu destino. Já ter cuidado pelo outro implica nunca o deixar só em seu sofrimento e envolver-se afetivamente com ele para que possa viver melhor, carregando sua dor com mais leveza.

O terrível do sofrimento não é tanto o sofrimento em si, mas a solidão no sofrimento. A compaixão consiste em não deixar o outro só. É estar junto dele, sentir seus padecimentos e angústias, dizer-lhe palavras de consolo e dar-lhe um abraço carregado de afeto.

Tempos atrás, descobriu-se um ancestral em um túmulo egípcio com uma inscrição cheia de compaixão: "fui alguém que escutou a queixa da viúva; fui alguém que chorou por uma desgraça e consolou o abatido; fui alguém que ouviu o soluço da menina órfã e lhe enxugou as lágrimas; fui alguém que teve compaixão por uma mulher desesperada".

Da física quântica, da cosmologia contemporânea e da antropologia, aprendemos que a lei fundamental de todas as coisas e do universo inteiro não é a competição e o triunfo do mais capaz de adaptação, mas sim a cooperação e a sinergia de todos com todos. Até o menor e o mais débil possui o seu lugar no conjunto dos seres e carrega em si uma mensagem a ser ouvida por todos. Por essa razão, tem direito de existir e coexistir. Nesse campo também vale a compaixão entre todos os seres para além dos humanos.

Vale ouvir as palavras inspiradoras de Dalai Lama: "Quer você creia em Deus, quer não creia, quer creia em Buda ou não... Temos que participar dos sofrimentos das outras pessoas. Mesmo que você não possa ajudá-las com dinheiro, mesmo assim sempre é válido expressar apoio moral e empatia. Esta deve ser a base de nosso agir. Se chamamos isto de religião ou não, é o que menos importa".

24

Não basta ser bom, há que ser misericordioso

A lei áurea presente em todas as religiões e caminhos espirituais é: "Ame o próximo como a ti mesmo". Dito de outra forma: "Não faças ao outro o que não queres que te façam a ti". O cristianismo incorpora essa ética mínima, inscrevendo-se nessa tradição ancestral, e vai além ao abolir todos os limites ao amor, para que seja realmente universal e incondicional.

Afirma: "[...] amai vossos inimigos, fazei bem aos que vos odeiam, orai pelos que vos [maltratam e] perseguem. Deste modo sereis os filhos de vosso Pai do céu, pois ele faz nascer o sol tanto sobre os maus como sobre os bons, e faz chover sobre os justos e sobre os injustos. Se amais somente os que vos amam, que recompensa tereis? Não fazem assim os próprios publicanos? Se saudais apenas vossos irmãos, que fazeis de extraordinário? Não fazem isso também os pagãos?" (Mt 5,44-47).

Instrutiva é também a versão que São Lucas dá em seu Evangelho: "Pelo contrário, amai os vossos inimigos [...] e sereis filhos do Altíssimo, porque ele é bom para com os ingratos e maus. Sede misericordiosos, como também vosso pai é misericordioso" (Lc 6,35-36). Essa afirmação é profundamente consoladora. Quem não se sente, por vezes, "ingrato e mau"? É então que nos confortam estas animadoras palavras: o pai é bondoso, apesar de nossas maldades. E, assim, aliviamos o fardo de nossa consciência que nos persegue por onde quer que vamos. Aqui ressoam também as consoladoras palavras da primeira epístola de São João: "caso nossa consciência nos censure, pois Deus é maior do que nossa consciência e conhece todas as coisas" (1Jo 3,20).

Tanta compreensão divina nos reporta às palavras de um dos mais alentadores salmos da Bíblia, o Salmo 102: "O Senhor é bom e misericordioso, lento para a cólera e cheio de clemência. Ele não está sempre a *repreender*, nem eterno é o seu ressentimento. Não nos trata segundo os nossos pecados, nem nos castiga em proporção de nossas faltas, porque tanto os céus distam da terra quanto sua misericórdia é grande para os que o temem; tanto o oriente dista do ocidente quanto ele afasta de nós nossos pecados. Como um pai tem piedade de seus filhos, assim o Senhor tem compaixão dos que o temem, porque ele sabe de que é que somos feitos, e não se esquece de que somos pó" (Sl 8-14).

Uma das características do Deus bíblico é sua misericórdia, porque ele sabe que o ser humano é frágil e fugaz "como a flor dos campos. Apenas sopra o vento, já não existe" (Sl 103,15-16). Mesmo assim, nunca deixa de nos amar como filhos e filhas queridos e de se compadecer de nossas debilidades morais. De fato, uma das qualidades fundamentais da imagem do Deus que Jesus nos comunicou foi exatamente sua misericórdia ilimitada. Para ele, não basta ser bom. É preciso ser misericordioso. A parábola do filho pródigo o ilustra com rara ternura humana. O filho saiu de casa, malbaratou toda a herança numa vida dissoluta, enquanto o pai ficou por um longo tempo esperando-o, olhando para a esquina da estrada para ver se ele apareceria. Eis que, saudoso, o filho resolve voltar à casa e, "ainda longe", como diz o texto, "quando seu pai o viu e, movido de compaixão, correu-lhe ao encontro, o abraçou e o beijou" (Lc 15,20). Eis o supremo amor que se faz misericórdia. O pai nada cobra do filho e ainda lhe prepara, cheio de alegria, uma grande festa.

Ao acolher com infinita misericórdia o filho que havia se perdido, esse pai misericordioso representa o pai celeste que ama os ingratos e maus. No texto, aliás, o único filho que é criticado é o filho bom. Ele serviu o pai em tudo, trabalhou, observou todos os mandamentos. Era bom, muito bom. Mas para Jesus não bastava ser bom.

Tinha que ser misericordioso. E ele não o foi ao ver o pródigo retornar. Por isso é o único a receber uma reprimenda por não compreender o irmão que regressou.

Aqui é importante enfatizar um ponto que mostra a singularidade da mensagem do Nazareno: ele quer ir além de simplesmente amar o próximo como nos amamos a nós mesmos. Quem é o próximo para Jesus? Não é o meu amigo, nem aquele que está próximo, ao meu lado. O próximo para Jesus é todo aquele *de quem eu me aproximo*. Pouco importa sua origem ou sua condição moral. Basta ser humano.

Nesse sentido, a parábola do bom samaritano também é emblemática (Lc 10,30-37). Jaz à beira da estrada, "semimorto", um joão-ninguém, vítima de um assalto. Passa um sacerdote, talvez atrasado para o seu serviço no templo; passa também um levita, apressado, para a celebração. Ambos o viram e passaram ao largo. Passa um samaritano – um herege, para os judeus – que "usou de misericórdia para com ele", curando-lhe as feridas, levando-o a uma hospedaria e ainda deixando pago tudo quanto fosse preciso.

"Quem dos três foi o próximo?", pergunta o Mestre. Foi o herege que se aproximou da vítima dos assaltantes. O amor não discrimina; cada ser humano é digno de amor e de misericórdia. Seguramente, o sacerdote e o levita eram boa gente, mas lhes faltava o principal: a misericórdia, o coração que se comove diante da dor do outro.

Resumindo, quando Jesus manda amar o próximo, isso significa amar esse desconhecido e discriminado; implica amar os invisíveis, os marginalizados sociais, aqueles para quem ninguém olha e ao largo dos quais todos passam; amar aqueles que, no momento supremo da história, quando tudo será tirado a limpo, ele chama de "os meus irmãozinhos menores". Aqueles a respeito dos quais ele disse: "todas as vezes que fizestes isso a um destes meus irmãos mais pequeninos, foi a mim mesmo que o fizestes" (Mt 25,40).

São Francisco foi quem melhor entendeu o *mais* singular da mensagem de Jesus. Por isso, em sua oração, pede: "Que eu procure *mais* consolar que ser consolado, *mais* compreender que ser compreendido e *mais* amar que ser amado".

O sofrimento da humanidade tem mostrado, especialmente nas periferias – junto aos criticados membros do Movimento dos Trabalhadores Rurais Sem Terra (MST), do Movimento dos Trabalhadores Sem Teto (MTST) e de outros –, que a mensagem do amor misericordioso, vivida pelo filho do homem, não se apagou e está ainda viva e acesa. Durante a pandemia do coronavírus, por exemplo, esses movimentos distribuíram toneladas de alimentos orgânicos e milhares de pratos de comida aos pobres das periferias.

Os países ricos, por outro lado, não têm mostrado nenhuma misericórdia e solidariedade para com os países pobres. Reservaram para si grande parte da produção mundial de vacinas contra a covid-19, alguns países com quantidades duas ou três vezes superiores às suas necessidades. A África, com mais de um bilhão de pessoas, recebeu apenas 4% das vacinas. A América Latina, um pouco mais.

Os seres humanos não têm tratado humanamente seus semelhantes. São levitas e sacerdotes da parábola do bom samaritano que passam ao largo, de modo egoísta, insensíveis à dor de seus irmãos e irmãs.

25

O nome de Deus

"Mais vale ser um ateu ético que um cristão insensível ao pobre." Essa frase não é minha. É, na verdade, uma ideia repetida várias vezes pelo Papa Francisco ao ver como cristãos rejeitam refugiados famélicos e desesperados que buscam, na Europa, salvar suas vidas. Quem tem Deus nos lábios e está longe da sensibilidade humana e da justiça mínima está longe de Deus, e seu deus é, antes, um ídolo, e não o Deus amante da vida e da ternura dos oprimidos.

Quem vive os valores da justiça, da solidariedade, da compaixão e do cuidado de uns para com os outros, incluindo a natureza, está mais próximo de Deus do que aquele piedoso que frequenta a igreja, faz suas rezas e comunga, mas não mostra nenhuma humanidade para com seus semelhantes.

O ex-presidente norte-americano George W. Bush usava frequentemente o nome de Deus, bem como Bin Laden o fazia. Em nome de Deus, os dois fizeram guerras e promoveram atentados aterradores. O Deus deles é belicoso, amigo da destruição de cidades inteiras com inumeráveis vítimas, particularmente crianças inocentes.

Entre nós, o ex-presidente Jair Bolsonaro coloca Deus acima de tudo, mas nega-o praticamente a todo momento com seu ódio aos negros, aos quilombolas, aos indígenas, aos homoafetivos e a seus adversários políticos, transformando-os em inimigos que devem ser perseguidos e difamados. Bolsonaro se acostumou à mentira direta e às *fake news* a tal ponto que nunca sabemos quando diz a verdade.

O mais grave, entretanto, é que o Deus que Bolsonaro continuamente põe em seus lábios não o moveu a um gesto de solidariedade para com os milhares de famílias que choraram por seus entes queridos, parentes e amigos durante a pandemia. Bolsonaro nunca visitou um hospital para ver a dramática situação da falta de oxigênio e a morte por sufocamento de centenas de pessoas, como ocorreu em Manaus no início de 2021. Sua prática nega Deus, tornando-o um ateu prático, antiético e blasfemo.

O ódio que figuras como Bolsonaro destilam e a falta de qualquer respeito e veneração diante da sacralidade da vida incorporam traços que as escrituras atribuem ao anticristo, pois é próprio do anticristo usar o nome de Deus e de Jesus para enganar e seduzir as pessoas e, assim, torná-las más. Marca do anticristo é também seu desprezo pela vida e sua pulsão pela morte. Esse deus, contudo, é apenas um ídolo, porque não é possível que o Deus vivo e verdadeiro queira o que ele quer.

O ateísmo ético tem razão ao negar esse tipo de religião que professa um Deus que justificou as cruzadas, a caça às bruxas, a inquisição, o colonialismo, a Shoah e, atualmente, o genocídio provocado pela covid-19 – particularmente entre os indígenas e os pobres, condenados a viver sem proteção nas grandes periferias das cidades.

É possível ainda crer em Deus num mundo que o manipula para atender a interesses perversos do poder? Sim, é possível, sob a condição de sermos ateus de muitas imagens de Deus que conflitam com o Deus da experiência dos praticantes religiosos sinceros, consequentes e puros de coração. Então, a questão hoje é: como falar de Deus sem passar pela religião que é manipulada? Porque falar religiosamente como Jair Bolsonaro fala – e como Bin Laden e Bush falaram – é blasfemar a Deus.

Podemos falar secularmente de Deus sem mencionar seu nome. Como bem dizia o grande bispo Dom Casaldáliga: "Se um opressor diz *Deus*, eu lhe digo justiça, paz e amor, pois esses são os verdadeiros nomes de Deus. Se o opressor disser *justiça*, *paz* e *amor*, eu lhe digo Deus, pois ele tem justiça, paz e amor que eles não têm".

Podemos falar secularmente de Deus a partir de um fenômeno humano que, analisado, remete à experiência daquilo a que chamamos Deus. Penso na palavra entusiasmo. Em grego, de onde se deriva, a palavra entusiasmo é *entheosmós*. Ela se compõe de três partes: *en* (em), *the* (abreviação de *theós* = Deus) e *mos* (terminação de substantivos). Entusiasmo significa, pois, ter um Deus dentro de si, ser tomado por Deus no coração e no espírito.

O entusiasmo é exatamente isto: a energia misteriosa que nos faz viver, enfrentar dificuldades com coragem, poder dar a volta por cima e então cantarolar, saltitar, dançar e irradiar vitalidade. É uma força misteriosa que está em nós, mas que é também maior que nós. Não a possuímos; é ela que nos possui. Estamos à mercê dela. O entusiasmo é isso, o Deus interior. Vivendo o entusiasmo, nesse sentido radical, vivenciamos a realidade daquilo a que chamamos Deus, o Deus interior.

Essa representação é aceitável porque Deus é próximo e dentro de nós, mas também sempre para além de nós. Bem dizia Rumi, o maior místico do Islã: "Quem ama a Deus, não tem nenhuma religião, a não ser Deus mesmo". Deus não tem religião. Nestes tempos de idolatria oficial, há que se resgatar esse sentido originário e existencial de Deus. Seu nome é amor, é justiça, é solidariedade, é gratuidade, é capacidade de renunciar pelo bem do outro, é ter compaixão e infinita misericórdia. Quem vive nessa atmosfera de valores está mergulhado em Deus.

Sem pronunciar seu nome, o acolhemos reverentemente como *entusiasmo*, que nos faz viver e que nos permite a alegre celebração da vida.

26

Consolo divino para o desamparo humano: "eu irei contigo"

Um israelita piedoso passou por uma angústia semelhante à que vivemos sob a ação perigosa da covid-19 e nos deixou retratada a sua situação no famoso Salmo 23: "O Senhor é meu pastor, nada me faltará". Nele há um outro verso que vem a calhar exatamente para a nossa situação: "Ainda que eu atravesse o vale escuro, nada temerei, pois estais comigo" (Sl 23,4).

Biblicamente, a morte deve ser entendida não apenas como o fim da vida, mas existencialmente como a experiência de crises profundas com grave risco de vida: perseguição feroz de inimigos, humilhação, exclusão e solidão devastadora. Fala-se, então, de descer aos infernos da condição humana. Por isso, quando se reza no credo cristão que Jesus desceu aos infernos, o que se quer expressar é que ele conheceu a solidão extrema e o absoluto abandono, até por parte de seu pai (Mc 15,34). Ele passou, efetivamente, pelo vale da sombra da morte, pelo inferno da condição humana. É consolador, então, ouvir a palavra do bom pastor: "não temas, porque estou contigo" (Is 41,10).

O grande romancista brasileiro João Guimarães Rosa, em *Grande sertão: veredas*, bem observou: "Viver é perigoso".[62] Sentimo-nos expulsos do jardim do Éden. Estamos sempre buscando construir um paraíso possível. Vivemos fazendo travessias arriscadas. Ameaças nos espreitam por todos os lados – e, depois do coronavírus, como nunca antes.

Por mais que nos esforcemos e as sociedades se organizem, nunca podemos controlar todos os fatores de risco. A covid-19 nos mostrou a imprevisibilidade da vida e a nossa vulnerabilidade. Por isso, é dramática e, por vezes trágica, a travessia humana. No final, quando se trata de assegurar nossa vida, somos forçados a nos confiar, para além da medicina e da técnica, a um Ser maior que pode nos levar a verdes prados e a águas refrescantes. Essa entrega supera a desesperança.

Hoje o que destrói nossa alegria de viver é o medo. O que invalida o medo e suas sequelas é o *cuidado de uns para com os outro*s. O cuidado é fundamental para entendermos a vida e as relações entre todos os seres. Sem cuidado, a vida não nasce nem se reproduz. Cuidar de alguém é mais que administrar seus interesses; é se envolver afetivamente com esse outro alguém, importar-se com o seu bem-estar, sentir-se corresponsável pelo seu destino. Por isso, cuidamos de tudo aquilo que amamos e também amamos tudo de que cuidamos.

O cuidado tem também uma dimensão ética: é o antecipador prévio dos comportamentos para que seus efeitos sejam bons e fortaleçam a convivência.

É confortador, no meio de nossas tribulações atuais, ouvir aquele que nos sussurra: "Não temas, eu estou contigo" (Is 41,10). No mesmo versículo, através de Isaías, ele nos assegura: "não lances olhares desesperados, pois eu sou teu Deus; eu te fortaleço e venho em teu socorro, eu te amparo com minha destra vitoriosa". Dessa forma, nossa vida pessoal ganha certa leveza e conserva, mesmo em meio a riscos e ameaças, serena jovialidade ao sentirmos que jamais estamos sós. Deus caminha em nosso próprio caminhar, como o bom pastor que cuida para que "nada nos falte".

Conclusão

Abrimos muitas janelas para a realidade sofrida e esperançosa. Uma das janelas nos levou a considerar o campo da ética política em suas várias vertentes. Outra nos fez levar muito a sério a ecologia integral, os direitos da natureza e da Mãe Terra e os riscos que pesam sobre nosso futuro. Por fim, a terceira nos fez considerar a urgência da vida do espírito. É ela que sustenta uma mística do cuidado, motiva nosso compromisso com a vida e nos abre para o infinito, aquele que sacia nosso desejo também infinito.

O caos sob o qual sofremos guarda dentro de si uma nova ordem que forceja por irromper. Não é um evento automático. Depende da colaboração e das decisões humanas que se propõem a mudar nosso modo de habitar a Casa Comum, a natureza incluída.

Por isso, nutrimos a "esperança esperante", para relembrar Jean-Paul Sartre, de que vamos nos recriar como pessoas que se conscientizam da nova fase da Terra e da humanidade: a fase planetária, a percepção de que somos uma espécie que habita na única Casa Comum que temos, a Terra, com uma origem e um destino comum.

Para além de todas as tristezas, riscos e ameaças, colocamos nossa confiança num fim bom, prometido por aquele que se anunciou como o soberano amante da vida (Sab 11,26). Ele cuidará de toda a vida, especialmente da vida humana, que um dia foi divinizada e, assim, em antecipação, eternizada por Jesus crucificado e ressuscitado.

Notas

1. HEIDEGGER, Martin. O fim da filosofia. *Folha de S.Paulo*, São Paulo, 15 jan. 1988. Disponível em: http://almanaque.folha.uol.com.br/entrevista_filosofia_heidegger.htm. Acesso em: 22 jun. 2023.
2. WARD, Peter. *O fim da evolução*: extinções em massa e a preservação da biodiversidade. Rio de Janeiro: Elsevier, 1997.
3. DUVE, Christian de. *Poeira vital*: a vida como imperativo cósmico. Rio de Janeiro: Campus, 1996. p. 355.
4. HAWKING, Stephen. *O universo numa casca de noz*. São Paulo: Mandarim, 2001. p. 159.
5. MARGULIS, Lynn; SAGAN, Dorion. *Microcosmos*: quatro bilhões de anos de evolução microbiana. São Paulo: Cultrix, 2004.
6. MONOD, Théodore. *Et si l'Aventure Humaine Devait Échouer*. Paris: Grasset, 2000. p. 246, 248.
7. WILSON, Edward. *O futuro da vida*: um estudo da biosfera para a proteção de todas as espécies, inclusive a humana. Rio de Janeiro: Campus, 2002. p. 121.
8. JACQUARD, Albert. *Le Compte à Rebours a-t-il Commencé?* Paris: Éditions Stock, 2009.
9. LOVELOCK, James. *A vingança de Gaia*. Rio de Janeiro: Intrínseca, 2006.
10. REES, Martin. *Hora final*: alerta de um cientista. São Paulo: Companhia das Letras, 2005.
11. LOVELOCK, James. VEJA Entrevista: James Lovelock. *Veja*, São Paulo, 21 out. 2006. Disponível em: http://arquivoetc.blogspot.com/2006/10/veja-entrevista-james-lovelock.html. Acesso em: 22 jun. 2023.

12 FRACCALVIERI, Bianca. Papa: cultura do descarte é um atentado contra a humanidade. ONU seja oficina de paz. *Vatican News*, 25 set. 2020. Disponível em: https://www.vaticannews.va/pt/papa/news/2020-09/papa-francisco-videomensagem-assembleia-geral-onu.html. Acesso em: 23 maio 2023.
13 CARTA encíclica Laudato Si' do Santo Padre Francisco sobre o cuidado da casa comum. *Vaticano*, 24 maio 2015. Disponível em: https://www.vatican.va/content/francesco/pt/encyclicals/documents/papa-francesco_20150524_enciclica-laudato-si.html. Acesso em: 23 maio 2023.
14 MONOD, *op. cit.*, p. 247-248.
15 BOFF, Leonardo. *Covid-19*: a mãe terra contra-ataca a humanidade – Advertências da pandemia. Petrópolis: Vozes, 2020.
16 CARTA da Terra. A carta propriamente dita. Disponível em: http://www.cartadaterrabrasil.com.br/prt/Principios_Carta_da_Terra.pdf. Acesso em: 24 maio 2023.
17 TOLSTÓI, Liev. *De quanta terra precisa um homem? e outras histórias*. Jandira: Principis, 2021.
18 MELO NETO, João Cabral de. *Morte e vida severina*. Rio de Janeiro: Alfaguara, 2016.
19 CARTA encíclica Fratelli Tutti do Santo Padre Francisco sobre a fraternidade e a amizade social. *Vaticano*, 3 out. 2020. n. 32. Disponível em: https://www.vatican.va/content/francesco/pt/encyclicals/documents/papa-francesco_20201003_enciclica-fratelli-tutti.html. Acesso em: 24 maio 2023.
20 POLANYI, Karl. *A grande transformação*: as origens de nossa época. Rio de Janeiro: Campus, 2000.
21 ÁGUA potável: direito humano fundamental. *Nações Unidas Brasil*, 28 jul. 2010. Disponível em: https://brasil.un.org/pt-br/55564-%C3%A1gua-pot%C3%A1vel-direito-humano-fundamental. Acesso em: 24 maio 2023.
22 WEBER, Max. *Política como vocação e ofício*. Petrópolis: Vozes, 2021.
23 CHADE, Jamil. Entrevista Jean Ziegler: "a democracia representativa está esgotada". *Núcleo de Estudos Sociopolíticos*, 21 maio 2019. Disponível em: https://nesp.pucminas.br/index.php/2019/05/21/entrevista-jean-ziegler--a-democracia-representativa-esta-esgotada/. Acesso em: 25 maio 2023.
24 SEN, Amartya. *Desenvolvimento como liberdade*. São Paulo: Companhia de Bolso, 2010.
25 GRONDIN, Marcelo; VIEZZER, Moema. *Abya Yala!* Genocídio, resistência e sobrevivência dos povos originários das Américas. Rio de Janeiro: Bambual, 2021.
26 KOPENAWA, Davi; ALBERT, Bruce. *A queda do céu*: palavras de um xamã yanomami. São Paulo: Companhia das Letras, 2015.

27 WHITE, Frank. *The Overview Effect*: Space Exploration and Human Evolution. Reston: American Institute of Aeronautics and Astronautics, 1987.
28 *Ibid.*, p. 200.
29 *Ibid.*, p. 233.
30 *Ibid.*, p. 205.
31 CARTA encíclica Laudato Si', *op. cit.*
32 *Ibidem.*
33 CARTA encíclica Fratelli Tutti, *op. cit.*
34 ZAFFARONI, Eugenio Raúl. *La Pachamama y el Humano*. Buenos Aires: Ediciones Madres de Plaza de Mayo, 2011.
35 EQUADOR. *Constitución de la República del Ecuador*. Quito: Asamblea Constituyente, 2008. Disponível em: https://www.asambleanacional.gob.ec/sites/default/files/documents/old/constitucion_de_bolsillo.pdf. Acesso em: 29 maio 2005.
36 BOLÍVIA. *Nueva Constitución Política del Estado*. El Alto de la Paz: República de Bolivia, 2008. Disponível em: https://www.oas.org/dil/esp/constitucion_bolivia.pdf. Acesso em: 30 maio 2005.
37 Human Development Report 1999: Globalization with a Human Face. *Human Development Reports*, 1º jan. 1999. Disponível em: https://hdr.undp.org/content/human-development-report-1999. Acesso em: 30 maio 2023.
38 WILSON, Edward, *op. cit.*, p. 170.
39 DOWBOR, Ladislau. *Democracia econômica*: alternativas de gestão social. Petrópolis: Vozes, 2012. p. 123.
40 WILSON, Edward, *op. cit.*, p. 208.
41 Carta encíclica Laudato Si', *op. cit.*
42 *Ibidem*, n. 244.
43 HOBSBAWM, Eric. *Era dos extremos*: o breve século XX (1914-1991). 2. ed. São Paulo: Companhia das Letras, 1995.
44 BOFF, Leonardo. *O cuidado necessário*. Petrópolis: Vozes, 2013.
45 DE DUVE, Christian, *op. cit.*
46 SWIMME, Brian; BERRY, Thomas. *The Universe Story*: From the Primordial Flaring Forth to the Ecozoic Era – A Celebration of the Unfolding of the Cosmos. São Francisco: HarperOne, 1994.
47 Carta encíclica Laudato Si', *op. cit.*, n. 2.
48 Carta da Terra, *op cit.*
49 Carta encíclica Laudato Si', *op. cit.*, n. 92.
50 PRONUNCIAMENTO do cacique Seattle. *Revista Ecoturismo*. 23 ago. 2017. Disponível em: http://revistaecoturismo.com.br/turismo-sustentabilidade/pronunciamento-do-cacique-seattle/. Acesso em: 31 maio 2023.

51 Carta encíclica Laudato Si', *op. cit.*, n. 10-12.
52 WHITE JR., Lynn. Raízes históricas da nossa crise ecológica. *Science*, 1967. n. 155. p. 1203-1207.
53 ALIGHIERI, Dante. *A divina comédia*. São Paulo: Editora 34, 2017.
54 BOFF, Leonardo. *Francisco de Assis*: a saudade do paraíso. Petrópolis: Vozes, 1986.
55 BLOCH, Ernst. *O princípio esperança*: volume 1. Rio de Janeiro: Contraponto, 2005.
56 VERISSIMO, Erico. *Olhai os lírios do campo*. Rio de Janeiro: Civilização Brasileira, 1973. p. 292.
57 BERGER, Peter L. *Rumor de anjos*: a sociedade moderna e a redescoberta do sobrenatural. Petrópolis: Vozes, 2018.
58 Carta da Terra, *op cit*.
59 Carta encíclica Laudato Si', *op. cit.*, n. 161.
60 *Ibidem*, n. 216.
61 SMITH, Adam. *Teoria dos sentimentos morais*. São Paulo: WMF Martins Fontes, 2015.
62 ROSA, João Guimarães. *Grande sertão*: veredas. São Paulo: Companhia das Letras, 2019.

Outros livros do autor

1 *Evangelho do Cristo Cósmico.* Rio de Janeiro: Record, 2008. Nova edição. [Publicado: Petrópolis: Vozes, 1971.]
2 *Jesus Cristo libertador.* Petrópolis: Vozes, 2012. Capa da Coleção Teologia. [Publicado: 1972. Nova edição: 1999.]
3 *Die Kirche als Sakrament im Horizont der Welterfahrung.* Paderborn: Verlag Bonifacius-Druckerei, 1972. [Esgotado.]
4 *A nossa ressurreição na morte.* Petrópolis: Vozes, 2012. Capa da Coleção Teologia. [Publicado: 1972.]
5 *Vida para além da morte.* Petrópolis: Vozes, 2012. Capa da Coleção Teologia. [Publicado: 1973.]
6 *O destino do homem e do mundo.* Petrópolis: Vozes, 2012. Capa da Coleção Teologia. [Publicado: 1973.]
7 *Experimentar Deus.* Petrópolis: Vozes, 2011. [Publicado: 1974, com o título *Atualidade da experiência de Deus.* Campinas: Verus, 2002. Nova edição.]
8 *Os sacramentos da vida e a vida dos sacramentos.* Petrópolis: Vozes, 2012. Capa da Coleção Teologia. [Publicado: 1975.]
9 *A vida religiosa e a Igreja no processo de libertação.* 2. ed. Petrópolis: Vozes/CNBB, 1975. [Esgotado.]
10 *Graça e experiência humana.* Petrópolis: Vozes, 2012. Capa da Coleção Teologia. [Publicado: 1976.]
11 *Teologia do cativeiro e da libertação.* Petrópolis: Vozes, 2014. Capa da Coleção Teologia. [Publicado: Lisboa: Multinova, 1976. Petrópolis: Vozes, 1998.]

12 *Natal*: a humanidade e a jovialidade de nosso Deus. Petrópolis: Vozes, 2000. [Publicado: 1976, com o título *Encarnação*: a humanidade e a jovialidade de nosso Deus.]
13 *Eclesiogênese*: a reinvenção da Igreja. Rio de Janeiro: Record, 2008. Nova edição ampliada. [Publicado: Petrópolis: Vozes, 1977, com o título: *Eclesiogênese*: as comunidades reinventam a Igreja.]
14 *Paixão de Cristo, paixão do mundo*. Petrópolis: Vozes, 2012. Capa da Coleção Teologia. [Publicado: 1977.]
15 *A fé na periferia do mundo*. Petrópolis: Vozes, 1978. [Esgotado.]
16 *Via-sacra da justiça*. Petrópolis: Vozes, 1978. [Esgotado.]
17 *O rosto materno de Deus*. Petrópolis: Vozes, 2012. Capa da Coleção Teologia. [Publicado: 1979.]
18 *O Pai-Nosso:* a oração da libertação integral. Petrópolis: Vozes, 2009. Nova edição. [Publicado: 1979.]
19 (com Clodovis Boff) *Da libertação:* o teológico das libertações sócio-históricas. Petrópolis: Vozes, 1979. [Esgotado.]
20 *O caminhar da Igreja com os oprimidos*. Petrópolis: Vozes, 1988. [Publicado: Rio de Janeiro: Codecri, 1980.]
21 *A Ave-Maria: o* feminino e o Espírito Santo. Petrópolis: Vozes, 2009. Nova edição. [Publicado: 1980.]
22 *Libertar para a comunhão e participação*. Rio de Janeiro: CRB, 1980. [Esgotado.]
23 *Igreja*: carisma e poder. Petrópolis: Vozes, 2022. [Publicado: 1981. Rio de Janeiro: Ática, 1994. Edição ampliada com documentos do processo no Vaticano. Rio de Janeiro: Record, 2005.]
24 *Crise, oportunidade de crescimento*. Petrópolis: Vozes, 2011. [Publicado com o título *Vida segundo o Espírito*. Petrópolis: Vozes, 1981. *Crise*: oportunidade de crescimento. Campinas: Verus, 2002. Edição revista.]
25 *São Francisco de Assis*: ternura e vigor. Petrópolis: Vozes, 2009. Nova edição. [Publicado: 1981.]
26 *Via-sacra para quem quer viver.* Petrópolis: Vozes, 2012. [Publicado: Vozes, 1982, com o título *Via-sacra da ressurreição* (esgotado). Campinas: Verus, 2003. Nova edição.]
27 (com Pe. Carlos Palacio:) *Igreja*: carisma e poder – da polêmica ao debate teológico. Petrópolis: Vozes, 1982. [Esgotado.]

28 *O livro da Divina Consolação*. Petrópolis: Vozes, 2006. [Publicado: Vozes, 1983, com o título *Mestre Eckhart*: a mística do ser e do não ter. *O livro da Divina Consolação*.]
29 *Do lugar do pobre*. Petrópolis: Vozes, 1984. [Esgotado.]
30 *Teologia à escuta do povo*. Petrópolis: Vozes, 1984. [Esgotado.]
31 *A cruz nossa de cada dia*. Petrópolis: Vozes, 2012. Capa da Coleção Teologia. [Publicado: 1984, com o título *Como pregar a cruz hoje numa sociedade de crucificados*. Campinas: Verus, 2003. Nova edição.]
32 (com Clodovis Boff) *Teologia da libertação no debate atual*. Petrópolis: Vozes, 1985. [Esgotado.]
33 (com Nelson Porto) *Francisco de Assis:* homem do paraíso. Petrópolis: Vozes, 1989. Nova edição. [Publicado: Vozes, 1985.]
34 *A Trindade e a Sociedade*. Petrópolis: Vozes, 2014. Capa da Coleção Teologia. [Publicado: 1986 com o título *A trindade, a sociedade e a libertação*.]
35 *E a Igreja se fez povo*. Petrópolis: Vozes, 1986. [Esgotado.]
36 (com Clodovis Boff) *Como fazer teologia da lbertação?* Petrópolis: Vozes, 1986.
37 *Die befreiende Botschaft*. Friburgo: Herder, 1987.
38 *A Santíssima Trindade é a melhor comunidade*. Petrópolis: Vozes, 2009. Edição revista. [Publicado: 1988.]
39 (com H. Kessler, Th. Schneider) *Leben, Tod und Auferstehung*. Düsseldorf: Patmos, 1988.
40 (com B. Kern, A. Müller) *Werbuch, Theologie der Befreiung*. Düsseldorf: Patmos, 1988.
41 *Nova evangelização*: a perspectiva dos pobres. Petrópolis: Vozes, 1990. [Esgotado.]
42 *La misión del teólogo en la Iglesia*. Estella: Verbo Divino, 1991.
43 *Seleção de textos espirituais*. Petrópolis: Vozes, 1991. [Esgotado.]
44 *Seleção de textos militantes*. Petrópolis: Vozes, 1991. [Esgotado.]
45 *Con la libertad del Evangelio*. Madri: Nueva Utopía, 1991.
46 *América Latina*: da conquista à nova evangelização. São Paulo: Ática, 1992. [Esgotado.]
47 *Dimensão política e teológica da ecologia*. Brasília: Rumos, 1993. (Cadernos Especiais Rumos nº 9.)

48 *Ecologia, mundialização e espiritualidade.* Rio de Janeiro: Record, 2008. [Publicado: São Paulo: Ática, 1993.]
49 (com Frei Betto) *Mística e espiritualidade.* Edição revista e ampliada. Petrópolis: Vozes, 2010. [Publicado: Rio de Janeiro: Rocco, 1994. Rio de Janeiro: Garamond, 2005.]
50 *Civilização planetária*: desafios à sociedade e ao cristianismo. Rio de Janeiro: Sextante, 2003. [Publicado: São Paulo: Ática, 1994, com título *Nova era*: a emergência da consciência planetária.] [Esgotado.]
51 *Je m'explique.* Paris: Desclée de Brouwer, 1994.
52 (com A. Nguyen Van Si) *Sorella Madre Terra.* Roma: Ed. Lavoro, 1994.
53 *A função da universidade na construção da soberania nacional e da cidadania.* Rio de Janeiro: Cadernos de Extensão Universitária, UERJ, 1994.
54 *Ecologia:* grito da terra, grito dos pobres. Petrópolis: Vozes, 2015. [Publicado São Paulo: Ática, 1995. Rio de Janeiro: Sextante, 2004.]
55 *Princípio Terra: a* volta à Terra como pátria comum. São Paulo: Ática, 1995. [Esgotado.]
56 (org.) *Igreja*: entre norte e sul. São Paulo: Ática, 1995. [Esgotado.]
57 (com José Ramos Regidor e Clodovis Boff) *A teologia da libertação*: balanços e perspectivas. São Paulo: Ática, 1996. [Esgotado.]
58 *Brasa sob cinzas.* Rio de Janeiro: Record, 1996.
59 *A águia e a galinha*: uma metáfora da condição humana. Petrópolis: Vozes/Nobilis, 2012. [Publicado: Vozes, 1997.]
60 *A águia e a galinha*: uma metáfora da condição humana. Edição comemorativa – 20 anos. Petrópolis: Vozes, 2017.
61 (com Jean-Yves Leloup, Pierre Weil, Roberto Crema) *Espírito na saúde.* Petrópolis: Vozes, 1997.
62 (com Jean-Yves Leloup, Roberto Crema) *Os terapeutas do deserto:* de Fílon de Alexandria e Francisco de Assis a Graf Dürckheim. Petrópolis: Vozes, 1997.
63 *O despertar da águia*: o dia-bólico e o sim-bólico na construção da realidade. Petrópolis: Vozes, 1998.
64 *O despertar da águia*: o dia-bólico e o sim-bólico na construção da realidade. Edição especial. Petrópolis: Vozes/Nobilis, 2017.
65 *Prinzip Mitgefühl:* Texte für eine bessere Zukunft. Friburgo: Herder, 1999.

66 *Saber cuidar:* ética do humano, compaixão pela terra. Petrópolis: Vozes, 2012, nova edição. [Publicado 1999.]
67 *Ética da vida.* Rio de Janeiro: Record, 2009. [Publicado: Brasília: Letraviva 1999. Rio de Janeiro: Sextante, 2005.]
68 *Coríntios:* introdução. Rio de Janeiro: Objetiva, 1999. [Esgotado.]
69 *A oração de São Francisco*: uma mensagem de paz para o mundo atual. Petrópolis: Vozes, 2014. [Publicado: Rio de Janeiro: Sextante, 1999.]
70 *Depois de 500 anos*: que Brasil queremos? Petrópolis: Vozes, 2000. [Esgotado.]
71 *Voz do arco-íris.* Rio de Janeiro: Sextante, 2004. [Publicado: Brasília: Letraviva 2000.] [Esgotado.]
72 (com Marcos Arruda) *Globalização*: desafios socioeconômicos, éticos e educativos. Petrópolis: Vozes, 2000. [Esgotado.]
73 *Tempo de transcendência:* o ser humano como um projeto infinito. Petrópolis: Vozes, 2009. [Publicado Rio de Janeiro: Sextante, 2000, com CD da palestra original.] [Esgotado.]
74 (com Werner Müller) *Princípio de compaixão e cuidado*. Petrópolis: Vozes, 2009. Edição revista. [Publicado: 2000.]
75 *Ethos mundial:* um consenso mínimo entre os humanos. Rio de Janeiro: Record, 2009. [Publicado: Brasília: Letraviva, 2000. Rio de Janeiro: Sextante, 2003.]
76 *Espiritualidade:* um caminho de transformação. Rio de Janeiro: Mar de Ideias, 2016, com CD. [Publicado: Rio de Janeiro: Sextante, 2001, com CD, palestra original.]
77 *O casamento entre o céu e a terra* – Contos dos povos indígenas do Brasil. São Paulo: Planeta, 2022. Nova edição. [Publicado: São Paulo: Salamandra, 2001. Edição ilustrada. Reeditado: Rio de Janeiro: Mar de Ideias, 2014.]
78 *Manifest für die Ökumene.* Düsseldorf: Patmos, 2001.
79 *Fundamentalismo, terrorismo, religião e paz.* Petrópolis: Vozes, 2009. Nova edição ampliada. [Publicado: Rio de Janeiro: Sextante, 2002, com o título *Fundamentalismo*.]
80 (com Rose Marie Muraro) *Feminino e masculino*: uma nova consciência para o encontro das diferenças. Rio de Janeiro: Record, 2010. [Publicado: Rio de Janeiro: Sextante, 2002.]

81 *Do iceberg à arca de Noé*: o nascimento de uma ética planetária. Rio de Janeiro: Mar de Ideias, 2010. [Publicado 2002, Rio de Janeiro: Garamond, 2002.]
82 *Ética e ecoespiritualidade*. Petrópolis: Vozes, 2011. [Publicado: Campinas: Verus, 2003. Edição revista e ampliada. *Do lugar do pobre* e *E a Igreja se fez povo*. Petrópolis: Vozes.]
83 (com Marco Antônio Miranda) *Terra América*: imagens. Rio de Janeiro: Sextante, 2003. [Esgotado.]
84 *Ética e moral*: a busca dos fundamentos. Petrópolis: Vozes, 2003.
85 *O Senhor é meu Pastor*: consolo divino para o desamparo humano. Petrópolis: Vozes, 2013. [Publicado: Rio de Janeiro: Sextante, 2004.]
86 *Responder florindo*. Rio de Janeiro: Garamond, 2004. [Esgotado.]
87 *Novas fronteiras da Igreja*: o futuro de um povo a caminho. Campinas: Verus, 2004. [Esgotado.]
88 *São José:* o pai, o artesão e o educador. Petrópolis: Vozes, 2012. Nova edição. Capa da Coleção Teologia. [Publicado: Campinas: Verus, 2005, com o título *São José, a personificação do Pai*.]
89 *Un Papa Difficile da Amare*: Scritti e Interviste. Roma: Datanews Ed., 2005.
90 *Virtudes para um outro mundo possível* – Vol. I: Hospitalidade: direito e dever de todos. Petrópolis: Vozes, 2005.
91 *Virtudes para um outro mundo possível* – Vol. II: Convivência, respeito e tolerância. Petrópolis: Vozes, 2006.
92 *Virtudes para um outro mundo possível* – Vol. III: Comer e beber juntos e viver em paz. Petrópolis: Vozes, 2006.
93 *A força da ternura:* pensamentos para um mundo igualitário, solidário, pleno e amoroso. Rio de Janeiro: Mar de Ideias, 2012. [Publicado: Rio de Janeiro: Sextante, 2006.] [Esgotado.]
94 *Ovo da esperança*: o sentido da Festa da Páscoa. Rio de Janeiro: Mar de Ideias, 2007. [Esgotado.]
95 (com Lúcia Ribeiro) *Masculino, feminino*: experiências vividas. Rio de Janeiro: Record, 2007.
96 *Sol da esperança:* Natal, histórias, poesias e símbolos. Rio de Janeiro: Mar de Ideias, 2007.
97 *Homem*: satã ou anjo bom. Rio de Janeiro: Record, 2008.

98 (com José Roberto Scolforo) *Mundo eucalipto*. Rio de Janeiro: Mar de Ideias, 2008. [Esgotado.]

99 *Opção Terra*. Rio de Janeiro: Record, 2009.

100 *Meditação da luz*. Petrópolis: Vozes, 2010.

101 *Cuidar da Terra, proteger a vida*. Rio de Janeiro: Record, 2010.

102 *Cristianismo*: o mínimo do mínimo. Petrópolis: Vozes, 2011.

103 *El Planeta Tierra*: Crisis, Falsas Soluciones, Alternativas. Madri: Nueva Utopía, 2011.

104 *Lo Esencial del Evangelio, lo Nuevo de la Ecoteología*. Madrid: Nueva Utopía, 2011.

105 *Encuentros y Conversaciones con Leonardo Boff*. México: Católicas por derecho a decidir, 2011.

106 (com Mark Hathaway). *O Tao da Libertação*: explorando a ecologia da transformação. Petrópolis: Vozes, 2012.

107 *Sustentabilidade*: o que é – o que não é. Petrópolis: Vozes, 2012.

108 *O cuidado necessário*: na vida, na saúde, na educação, na ecologia, na ética e na espiritualidade. Petrópolis: Vozes, 2012.

109 *As quatro ecologias*: ambiental, política e social, mental e integral. Rio de Janeiro: Mar de Ideias, 2012.

110 *Francisco de Assis e Francisco de Roma* - uma Nova Primavera na Igreja? Rio de Janeiro: Mar de Ideias, 2013. [Esgotado.]

111 *O Espírito Santo*: fogo interior, doador de vida e Pai dos pobres. Petrópolis: Vozes/Coleção Teologia, 2013.

112 (com Jürgen Moltmann). *Há esperança para a criação ameaçada?* Petrópolis: Vozes, 2014.

113 *A grande transformação*: na economia, na política, na ecologia e na educação. Petrópolis: Vozes, 2014.

114 *Direitos do coração*: como reverdecer o deserto. São Paulo: Paulus, 2015.

115 *Ecologia, ciência, espiritualidade*: a transição do velho para o novo. Rio de Janeiro: Mar de Ideias, 2015.

116 *A Terra na palma da mão:* uma nova visão do planeta e da humanidade. Petrópolis: Vozes, 2016.

117 (com Luigi Zoja) *Memórias inquietas e persistentes de L. Boff*. São Paulo: Ideias & Letras, 2016.

118 (com Frei Betto e Mario Sergio Cortella) *Felicidade foi-se embora?* Petrópolis: Vozes Nobilis, 2016.

119 (com Tomás de Kempis) *Imitação de Cristo e seguimento de Jesus.* Petrópolis: Vozes, 2016.

120 *Ética e espiritualidade:* como cuidar da casa comum. Petrópolis: Vozes, 2017.

121 *A casa comum, a espiritualidade, o amor.* São Paulo: Paulinas, 2017.

122 (com Anselm Grün) *O divino em nós.* Petrópolis: Vozes Nobilis, 2017.

123 *O livro dos elogios*: o significado do insignificante. São Paulo: Paulus, 2017.

124 *Brasil*: concluir a refundação ou prolongar a dependência? Petrópolis: Vozes, 2018.

125 *Reflexões de um velho teólogo e pensador*. Petrópolis: Vozes, 2018.

126 *A saudade de Deus:* a força dos pequenos. Petrópolis: Vozes, 2019.

127 *Covid-19:* a Mãe Terra contra-ataca a Humanidade. Petrópolis: Vozes, 2020.

128 *O doloroso parto da Mãe Terra*. Petrópolis: Vozes, 2021.

129 *A nova visão do universo*: de onde vem o ser humano, a Terra, a Vida o Espírito e Deus? Rio de Janeiro: Três Rios/Animus Anima, 2021. Nova edição. [Publicado Rio de Janeiro: Mar de Ideias, 2017, com o título *De onde vem?*: uma nova visão do universo, da Terra, da vida, do ser humano, do espírito e de Deus.]

130 *Habitar a Terra*. Petrópolis: Vozes, 2022.

131 *O pescador ambicioso e o peixe encantado*: a busca da justa medida. Petrópolis: Vozes, 2022.

132 *A amorosidade do Deus-Abba e Jesus de Nazaré*. Petrópolis: Vozes, 2023.

133 *A busca da justa medida*: como equilibrar o Planeta Terra. Petrópolis: Vozes, 2023.

Editora Planeta Brasil | 20 ANOS

Acreditamos nos livros

Este livro foi composto em Adobe Garamond Pro e impresso pela Gráfica Santa Marta para a Editora Planeta do Brasil em outubro de 2023.